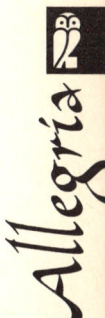

Allegria

Der Autor

Michael Korth stammt aus Westfalen. Er lebt und arbeitet seit über dreißig Jahren in Österreich. Zu seinen vielen Büchern gehört der Bestseller *Der Juniorchef*. Er studierte am Mozarteum Salzburg und editierte als Spezialist für die Musik des Mittelalters die Werke der grossen Dichtersänger dieser Zeit. Mit seinem Ensemble »Bären Gässlin« gab er Konzerte in ganz Europa. Er verfasste Musical- und Opernlibretti, von denen bisher elf zur Aufführung kamen. Daneben bleibt ihm aber in seinem abgelegenen ehemaligen Forsthaus im Waldviertel genug Zeit zum Nachdenken und zur praktischen Anwendung seiner auf Bescheidenheit ausgerichteten Lebensphilosophie.

Michael Korth

Die Kunst der Bescheidenheit

Wie wenig man zum glücklichen Leben wirklich braucht

Ullstein

Besuchen Sie uns im Internet:
www.ullstein-taschenbuch.de

Allegria im Ullstein Taschenbuch
Herausgegeben von Michael Görden

Umwelthinweis:
Dieses Buch wurde auf chlor- und säurefreiem Papier gedruckt.

Ullstein ist ein Verlag der Ullstein Buchverlage GmbH, Berlin.
Neuausgabe im Ullstein Taschenbuch
1. Auflage Juli 2008
© 2005 by Ullstein Buchverlage GmbH, Berlin
Umschlaggestaltung: FranklDesign, München
Titelabbildung: Jan Ateet Frankl/FranklDesign
Gesetzt aus der Berkeley
Satz: LVD GmbH, Berlin
Druck und Bindearbeiten: GGP Media GmbH, Pößneck
Printed in Germany
ISBN 978-3-548-74427-8

Für Nina und Markus
und meinen alten Freund Gerald Blaich

Vorwort

——— ►◄ ———

Das wahre Glück ist die Genügsamkeit
Johann Wolfgang Goethe

Vor fünf Jahren wollte ich mich erschießen. Es war ein
regennasser Februar, düster wie meine Seele. Dinge, die
mir früher leicht von der Hand gegangen waren, wollten nicht mehr gelingen. Zwei große Projekte, für die
ich drei Jahre gearbeitet hatte, lösten sich in nichts auf.
Das vertraglich zugesicherte Geld kam nicht. Schulden
drückten auf mein Gemüt. Da ich mein Selbstvertrauen
verloren hatte, vertrauten plötzlich auch meine Geschäftspartner weder mir noch meinen Ideen. Was ich
anfasste ging schief. Ich geriet in den Teufelskreis der
Erfolglosigkeit. Nicht einmal eine kleine Zeitungsserie
konnte ich mehr unterbringen. »Die Not zeigt sich zuerst im Gesicht«, sagt ein jiddisches Sprichwort. Offenbar strahlte ich nur noch Misserfolg aus. Ich verzagte
und beklagte mein Geschick. Meine düstere Stimmung
senkte sich wie ein Stacheldraht ums Haus. Nur noch
wenige treue Freunde besuchten mich. Ich hatte an
nichts mehr Freude und schon gar nicht mehr am Leben.

Da spielte mir der Zufall Tom Wolfes Roman »Ein
ganzer Kerl« in die Hand. Es ist die Geschichte eines

erfolgsverwöhnten Immobilienmaklers, Pferdezüchters und Multiunternehmers, der auf dem Höhepunkt seines Lebens vor dem Aus steht: Er hat sich verspekuliert und plötzlich eine halbe Milliarde Dollar Bankschulden. Der glücksverwöhnte Tycoon kämpft ums Überleben.

Das Buch packte mich von der ersten Zeile an. Tatsächlich wurde es zum Selbsthilfebuch, als ich zu den Kapiteln mit der zweiten Hauptfigur kam. Durch eine Verkettung unglücklicher Umstände gerät ein junger Familienvater über Nacht in die brutale Welt eines Männergefängnisses. Auch er muss plötzlich ums Überleben kämpfen, im wahrsten Sinne des Wortes ums nackte Überleben. Um sich von der quälenden Verzweiflung abzulenken, lässt er sich von seiner Frau ein Spiel schicken: das »Stoics' Game«. Der Buchhändler hat jedoch aus Versehen ein Buch mit dem Titel »The Stoics«, die Stoiker, eingepackt, »Sämtliche erhaltene Schriften von Epiktet, Mark Aurel, C. Musonius Rufus und Zenon«. Der junge Gefangene stößt auf die Zeilen von Epiktet: »Es hat keinen Zweck, das Leben damit zu verbringen, dass man sich mit Dingen herumquält, die nicht vom eigenen Willen abhängen, wie Geld, Besitz, Ansehen oder politische Macht. Ebenso wenig hat es Sinn, das Leben mit dem Versuch zuzubringen, die Dinge zu meiden, die nicht vom eigenen Willen abhängen, wie etwa die Tyrannei eines Nero, Gefangenschaft und körperliche Gefahr.« Der Gefangene liest gebannt weiter. Epiktet verachtet vor allem diejenigen, die bloß zittern und klagen und dem Unglück zu entgehen versuchen: »Denn ihr seid nicht dafür geboren, Demütigung und Unglück, sondern Glück zu teilen. Und wenn ein Mensch glücklos ist, so bedenkt, dass sein Unglück sein eigener Fehler ist.«

Ich las fasziniert Tom Wolfes Roman, blätterte zurück, las alle Stellen, wo Epiktets Aussprüche zitiert wurden – und mit einem Schlag fühlte ich mich von meiner Verzweiflung befreit. Nüchtern betrachtet stellte sich meine unglückliche Situation als gar nicht so unglücklich heraus. Gewiss, ich hatte Schulden, die Geschäfte gingen nicht gut. Aber ich war gesund, ich war fleißig, ich hatte ein Dach über dem Kopf, ich hatte zu essen, und ich hatte gute Freunde. Es gab eigentlich keinen Grund zur Klage.

Epiktet und die anderen Stoiker brachten mein Grundproblem auf den Punkt. Denn wie es zu allen Problemen des Menschen Lösungen gibt, war natürlich auch mein Problem lösbar. Die Lösung, von den Stoikern auf die einfachste Formel gebracht, heißt: Mache dich unabhängig! Erwarte nichts von anderen und stell dich auf deine eigenen Füße. Das bedeutet: Bau nur auf dem auf, was in deiner eigenen Macht liegt! Und mach dir um alles andere keine Sorgen, denn du kannst sowieso nichts tun und keinen Einfluss darauf nehmen.

Das, worüber ich vor kurzem noch völlig verzagt war, wurde zur Herausforderung. Ich hatte Schulden und kaum noch Einkünfte. Statt zu jammern, musste ich eben das Beste daraus machen. Entsprechend der Weisheit meiner Mutter: »Was wir nicht haben, brauchen wir nicht«, reduzierte ich meine Bedürfnisse auf das Nötigste. Ich fuhr nur noch einmal in der Woche zum Einkaufen, wählte wohlüberlegt und gab nie mehr aus als 40,00 Euro pro Einkauf nach heutiger Währung. Ich ging nie mehr zum Essen ins Restaurant oder auf einen schnellen Tee ins Café. Durch die kluge Einteilung meiner Mittel kam ich gut über die Runden. Statt irgendwohin zu gehen und Geld auszugeben, lud ich Freunde zum Essen ein. Ich lebte bescheiden, aber nicht geizig, entwickelte aber den Ehrgeiz, schmackhafte Mahlzeiten mit preiswertesten Mitteln zu bereiten wie z. B. Pilzessen für sechs Personen nach heutigem Geld für vier Euro oder ein griechisches Stifado für vier Personen plus Wein für sieben Euro. Weil ich nicht mehr viel herumfuhr, sparte ich nicht nur Geld, sondern auch Zeit. Ich hatte plötzlich viel mehr Zeit als früher. Die verbrachte ich mit meinen Freunden. Wir sangen, kochten, philosophierten. Es klingt paradox: Aber je weniger Geld ich hatte, umso reicher wurde mein Leben.

Natürlich bekam ich hin und wieder noch Anfälle leiser Verzweiflung, wenn sich die Verhandlungen über neue Projekte in die Länge zogen und keine Entscheidungen fielen, oder wenn vereinbarte Honorare erst Monate später überwiesen wurden. Ich war ja noch kein gestählter, unerschütterlicher Stoiker, sondern erst Übender der neu entdeckten Lebensweisheit. Man muss ja auch Geduld mit sich selbst haben. In Daniel Defoes »Robinson Crusoe« fand ich den wunderbaren Satz: »All unser Missvergnügen über das, was uns fehlt, scheint bloß aus dem Mangel an Dankbarkeit für das zu entspringen, was wir haben.« Diese tiefe Einsicht hielt ich mir immer vor Augen, wenn sich Verzagtheit ankündigte.

Mit der Zeit wurden die Gefühle der Verzweiflung weniger, mein Selbstwertgefühl wuchs, und ich entdeckte während meiner ständigen Beschäftigung mit dem Thema, dass – zumindest für mich – der Weg zum

Glücklichsein über die Bescheidenheit führt. »Je mehr er hat, je mehr er will, nie schweigen seine Wünsche still«, sagt eine alte Volksweisheit. Ein glänzendes dichterisches Beispiel ist dafür das herrliche Märchen vom Fischer und seiner Frau.

Überrascht davon, wie mich Epiktets glasklare Erkenntnis positiv beeinflusst hatte, beschäftigte ich mich immer gründlicher mit der Philosophie der Bescheidenheit und fand Schätze der Weisheit. Zutiefst dankbar für die Erkenntnisse klarer Denker aus Ost und West, aus der Antike bis zur Gegenwart, beschloss ich, meine Erfahrungen für mich selbst und ein paar Freunde, die in einer ähnlichen Krise steckten, aufzuschreiben.

Im Frühjahr 2004 machte ich mich an die Arbeit. Es war ein Abenteuer. Ich hatte noch nie ein Werk dieser Art verfasst. Gedankengebäude großer Denker durchzuackern ist eine mühevolle Arbeit. Noch mühevoller ist es, die Essenz daraus für ein eigenes Werk zu nutzen. Es ging im Schneckentempo voran.

Aber im September war das Manuskript fertig. Ich gab es ein paar Freunden und erhielt Zuspruch. Bei manchen hatte es ähnliche therapeutische Wirkung wie bei mir Epiktets Weisheit. »Habe die Philosophie der Bescheidenheit fertig gelesen«, schrieb mir zum Beispiel Gerald Blaich. »In mir hat sich eine große Gelassenheit ausgebreitet und die ...-Psychose ist von mir gewichen. Ein wundertätiges Buch.« Solche Beurteilungen haben mich natürlich gefreut. Andere waren, bei allem Lob, kritischer. Nancy Arrowsmith, die das Manuskript akribisch durcharbeitete, fand meine Verehrung für die Antike zu stark, Johannes Heimrath, der es ebenfalls sachkundig lektorierte, fand zu viel Weisheit des Ostens darin. Meine Agentin Nina Arrowsmith hätte gern mehr moderne Beispiele gesehen und nach Hans Christian Meisers Meinung ist die Kapitalismuskritik im ersten Teil zu umfangreich. Trotzdem entdeckte jeder viel Positives für sich. Ein Buch ist ja nichts anderes als ein Werkzeug zur Selbstfindung und jeder zieht den Nutzen daraus, den er braucht. Mein Herausgeber Michael Görden fand es rundum gelungen und war sofort begeistert von der Idee, es im neuen Allegria Verlag zu veröffentlichen. Allen sei für ihre Ermutigung und Mitarbeit herzlich gedankt.

Ich hoffe, dass das Büchlein Verzagten hilft, wieder Fuß zu fassen und Freude am Leben zu finden.

Jaidhof, 14. Juli 2005, Michael Korth

Tadel der Habgier

oder Von den Wurzeln des Unglücks

— ➤ ◄ —

Keine Gottheit, die je die Menschen
verehrt haben, ist hohler und erbarmungsloser
als der freie Markt.
Adam Smith

MEHR SCHEIN ALS SEIN

Während sich die meisten Zeitgenossen nach Erfolg und Reichtum sehnen, gibt es hin und wieder Menschen, die mit dem zufrieden sind, was sie haben.

Verblüffend war eine Presse-Nachricht im März 2004: Ein Lottogewinner aus Dortmund war sich nicht sicher, ob er seinen Gewinn von neun Millionen Euro überhaupt haben wollte. Erst nach zehn Wochen des Nachdenkens erschien er bei der Westdeutschen Lotteriegesellschaft in Münster und informierte sich über das ihm zustehende Geld. So viel stoische Gelassenheit war den WestLotto-Leuten geradezu unheimlich. Als Begründung für sein Zögern sagte der Glückspilz, er wollte sich »erst mal alles in Ruhe durch den Kopf gehen lassen«. Doch nicht nur das. Er hatte sogar lange überlegt, völlig auf das Geld zu verzichten. Er konnte sich erst mit dem Gedanken an die neun Millionen anfreunden, als ihm klar wurde, dass man mit so viel Geld auch viel Gutes tun könne.

Nun wäre es natürlich spannend zu wissen, welche große Seele sich hinter dem Unbekannten verbirgt. Welchen Beruf hat er, war er bereits durch Erbschaft reich? Was hat seine Frau zu seinen Überlegungen gesagt? Was ist mit seinem Lottogewinn geschehen? Und die wichtigste Frage: Wie ist der Mann zu dieser geistigen Reife und erstaunlichen Bescheidenheit gelangt?

Das bringt mich auf den Gedanken an den geheimnisvollen Spender, der jedes Jahr der Stadt Görlitz an der deutsch-polnischen Grenze $1/2$ Million Euro zur Erhaltung des historischen Stadtbildes gibt – mit einer einzigen Auflage: sollte jemals publik werden, wer der Sponsor ist, ist es mit dem Geldsegen vorbei.

Hier haben wir zwei Zeugnisse von menschlicher Größe und wahrer Bescheidenheit in einer Zeit, in der die modernen Medien, allen voran das Fernsehen, den krankhaften Trieb zur Selbstdarstellung bis ins Groteske übersteigern. Noch nie war es so einfach, zumindest für kurze Zeit, berühmt zu werden, noch nie hatten Leistung und Erfolg so wenig miteinander zu tun wie im Medienzeitalter. TV-Sendungen wie »Deutschland sucht den Superstar« oder »Popstars« sind magische Erfolgsmaschinen, die kümmerliches Können über Nacht in Ruhm und Geld verwandeln können. Zungenfertigkeit und forsches Auftreten ersetzen gründlich erworbenes Wissen, Erfahrung und jahrelanges Durchhaltevermögen. »Arbeit und Leistung im Job sind heute als Einkommensquelle vergleichsweise entwertet«, diagnostiziert der Soziologe Sighard Neckel. Die meisten Stars der Reality-Shows »entsprechen von ihrer Biographie her dem Durchschnitt unserer Gesellschaft«.

Das ist eine niederschmetternde Erkenntnis. Die neue Gesellschaft will Erfolg haben ohne Anstrengung, reich werden ohne Arbeit, glücklich sein ohne Auseinandersetzung mit den Härten des Lebens. Diese Wünsche werden durch die Botschaften der modernen Gelegenheitsmärkte in den Medien, in der Pop-Industrie, in Werbung und Marketing gebetsmühlenartig wiederholt und verstärkt. Schein ist wichtiger als Sein. Diese Botschaft durchdringt jede Branche. Denn mit der Sucht, das eigene Spiegelbild zu bestaunen, ist es wie mit dem Reichtum oder dem Meerwasser: Je mehr man davon trinkt, umso durstiger wird man. Daher auch der riesige Beauty-Markt, der den zum Konsu-

menten herabgewürdigten Menschen ständig einhäm-
mert, was wer braucht, welchem Trend er zu folgen hat,
wie er aussehen muss. Vom »richtigen« T-Shirt bis zur
»idealen« Busengröße, vom »trendigen« Urlaubsort bis
zum »hippen« Tattoo auf der Pobacke.

Trotz der riesigen Fülle an Angeboten unterliegt jeder in irgendeiner Form dem Kollektivzwang, weil ein
Überleben außerhalb der Normen fast unmöglich ist.
Es sei denn, man gehört zu den Verlierern des Ausbeu-
tersystems, wie Obdachlose in verlassenen Plattenbau-
ten oder drogenabhängige Straßenkinder oder – die
unermesslich Reichen, die vom Ausbeutersystem profitieren und deren Lebensstil die Maßstäbe für die sie
anbetende Masse setzt. Die Werbung hämmert es pau-
senlos ein: So schön, so reich und so erfolgreich ist der
moderne Mensch. Daher wird alles Äußere übertrie-
ben wichtig: Der Fitness-genormte Körper, das Karrie-
rekostüm von Chanel, Eliteschulen für Kinder, der
richtige Wohnbezirk. So tritt jeder Einzelne in Konkurrenz mit seinem Nächsten – und mit sich selbst.
Ständig betrachtet er kritisch sein Spiegelbild und kor-
rigiert an der äußeren Hülle herum. Innere Werte sind
in dieser künstlichen Welt kaum noch gefragt – außer
sie lassen sich optimal vermarkten. Deshalb müssen
unablässig neue Trends her. Das Leben wird immer
hektischer. Denn um dazuzugehören, muss »man«
jede Mode mitmachen.

Nun hat die Normierung des Konsumabhängigen
den für die Wirtschaft und ihre Profiteure schönen Ef-
fekt des kontinuierlichen Umsatzes und der rasanten
Kapitalvermehrung. Da aber die meisten Menschen
durch diesen Normierungsprozess geschleust werden,
weil es kaum noch Freiräume für Anderslebende gibt,

macht sich bald ein empfindlicher Mangel an echter Individualität bemerkbar. Diesen Mangel spüren besonders die Marketingstrategen der Gelegenheitsmärkte im Fernsehen, im Popgeschäft, in der Wirtschaft, an der Börse. Wo normiertes Leben und Denken herrschen, gedeiht wenig Originelles. Denn die Entwicklung wirklich neuer Ideen benötigt Zeit, individuelle Lebensformen und unkonventionelles Denken. Die Normierung beginnt ja bereits im Kindergarten, setzt sich fort über die Schule bis zur Universität und in andere Ausbildungsinstitutionen.

Der »genormte Mensch« betritt mit seinem genormten Wissen die Berufswelt, sein gesamtes Umfeld ist vorgeformt, von der Wohnung, dem Auto, den sozialen Abläufen übers Supermarktessen bis hin zum Reisen. (In Neuseeland zum Beispiel ist sogar der Wander-Tourismus perfekt durchorganisiert. Der Wanderer muss auf exakt vorgezeichneten Wegen bleiben, darf nicht im Wald übernachten, sondern muss am Abend die vorgeschriebenen Hütten mit der vorgeschriebenen Bettenzahl benutzen.) In der Freizeit besuchen die genormten Massen genormte Erlebniswelten wie Skiparadiese oder die Spaßstätten Disco, In-Lokal oder Kino. Für Abenteuer sorgen Thriller-, Wildwest-, Sciencefiction- oder Kriegsfilme. Sitcoms und Soap-Operas spiegeln das Bild des genormten Alltags und verstärken es. Jeder Konsument lebt in einer künstlichen Welt, von der er abhängig ist wie der Junkie von der Droge. Und die Abhängigkeit ist genauso teuer wie eine Droge. Darin liegt der Zweck der gigantischen Normindustrie.

Da alles genormt ist, brauchen die Vermarkter ständig Ideen, um »sensationell Neues« bieten zu können. Das bringt die verzweifelt suchenden Macher auf solch abstruse Reality-Sendungen wie »Big Brother«. Und weil sich Serien dieser Art wegen des hohlen Inhalts schnell abnutzen, kommt es so lange zu immer geschmackloseren Variationen, bis der Schwachsinn irgendwann aus dem Programm genommen werden muss und die hektische Suche nach »Unverbrauchtem« von neuem beginnt. Doch wo sollen die Medienmacher noch suchen, wenn es kaum noch Menschen gibt, denen die Flucht aus der Zeit, die Flucht aus der Norm gelungen ist? Also stürzen sich die Programmmacher auf die Geschmacklosigkeiten des Ehealltags, die schmutzige Wäsche von Homosexuellen oder die Erlebnisse auf dem Babystrich. Alles im Namen der Aufklärung. Da sie jedoch nicht nur Perverses bieten dürfen, sind sie gleichzeitig auf der Suche nach edlen Besonderheiten wie Wunderkindern, mongolischen Schamanen oder einer äthiopischen Einsiedlerin in einer Höhle.

Chancen, optimal vermarktet zu werden, haben auch junge Autoren oder Künstler, die mit ihrer Frische gut in den Medien zu präsentieren sind. Es kommt nicht so sehr darauf an, was und wie gut sie schreiben, welche Qualität ihr Kunstwerk hat, sondern wie präsentabel die Künstler sind. Schräg oder schön heißt die Alternative. Hauptsache, sie sind ein »unverbrauchtes Talent«. Eine 100%ig gewinnbringende Story wäre zum Beispiel die Erfindung eines »Wolfskindes«, eines modernen 17-jährigen Kaspar Hauser aus den Wäldern Transsylvaniens, den ein Siebenbürger Pfarrer auf einer Gebirgswanderung in einer Höhle entdeckt, zähmt, mit nach Hause bringt und ihm erst das Reden, dann das Schreiben beibringt. Eine solche »Event-

Idee« könnte dem Hirn eines cleveren jungen Marketingmannes entspringen. Nach der Ausarbeitung des Businessplans und einer Marketingstrategie würde er einen Ghostwriter beauftragen, der »Meine Lebensgeschichte als Wolfskind« sentimental ausarbeitet. Zwei unbekannte deutsch-rumänische Schauspieler würden die Rolle des Pfarrers und seines Schützlings übernehmen. Die Darsteller müssten sorgsam wie Hollywoodstars ausgesucht und trainiert werden. Der »Pfarrer« müsste eine telegene Mischung aus Goethe, Gott und Günter Grass sein, das »Wolfskind« von der wilden Schönheit des jungen James Dean. Kurz vor Erscheinen des Buches würde ein akribisch geplanter Medienwirbel die Sensation in ganz Europa und den USA verbreiten. Das gefeierte Gespann Pfarrer/Wolfskind würde von »Bild« bis »Wetten dass?« die Herzen bewegen und die »Lebensgeschichte« des Wolfskindes in die Bestsellerlisten katapultieren. Die Sensation wäre perfekt.

Eine genau getimte »Doku« würde den Verkauf weiter anheizen. Der Ghostwriter bereitet inzwischen die Geschichte des Pfarrers vor: »Wie ich das Wolfskind fand«. Danach erscheint ein zweites Werk des Wolfskindes mit dem Titel »Mein Leben unter Menschen«. Unterdessen sind ein Komponist und ein Songwriter dabei, »Wolfskind-Gesänge« auf der Basis rumänischer Volksweisen in einer Kunstsprache zu kreieren, die ein Stimmenimitator für die CD einsingt und die mit dem Porträt des Wolfskindes verkauft wird. Nachdem der Marketingmann so den Markt vorbereitet hat, holt er zum großen Schlag aus, indem er einen Filmproduzenten seines Medienkonzerns beauftragt, einen Spielfilm aus der Erfolgsstory zu machen. Dieser Spielfilm wird international vermarktet, erscheint ein paar

Monate später als DVD-Kassette und wird im Fernsehen wiederholt. Nun, da das Wolfskind ein Superstar ist, lässt der clevere Marketingmann den Ghostwriter gemeinsam mit einem Survival-Experten das Buch »Überleben in der Natur – das natürliche Wissen des Wolfskindes« mit erstklassigen Fotos aus den wildromantischen Wäldern Transsylvaniens, Kochrezepten, weisen Aussprüchen des Wolfskindes, Anleitungen zum Hüttenbau und Feuermachen ohne Zündhölzer usw. schreiben.

Nachdem auch dieses Buch in den Charts gelandet ist, werden Touren »Auf den Spuren des Wolfskindes« von einem konzerneigenen Event-Reiseunternehmen angeboten. Wolfskind und Pfarrer hetzen derweil von Talkshow zu Talkshow, wo nun Anthropologen, Theo- und andere -logen der staunenden TV-Gemeinde das Phänomen erklären. Das Buffopaar Pfarrer/Wolfskind ist berühmt. Jetzt könnte der Konzern noch den »Wolfskind-Look« vermarkten, Computerspiele wie die »Wolfskindjagd« erfinden lassen usw. Wenn endlich die Idee vollkommen »ausgelutscht« ist, wie es im Fachjargon heißt, kommt der Schluss-Clou. Nach all dem Medienzirkus begleitet die Kamera das inzwischen vom sinnlosen Stress in der Zivilisation angeekelte Wolfskind zurück in sein Leben in der Natur – dorthin, wo der zivilisationsmüde Städter auch gerne leben würde. Einfach, naturverbunden und bescheiden.

Alle Beteiligten haben an dem Bluff verdient und der Marketingmann und sein Konzern haben Millionen gescheffelt. Nun wäre ja nichts gegen eine erfundene Wolfskind-Geschichte zu sagen, denn Geschichten werden seit Urzeiten erfunden und bilden mit die

Grundlage unserer Kultur. Das perfide an der Wolfskind-Geschichte ist die vorgegaukelte Authentizität.
Man hat fast den Eindruck, als lebten wir in einer Gesellschaft der Schau-Spieler. Der 22-jährige Holly-
wood-Schauspieler Hayden Christensen bringt das auf
den Punkt, indem er sagt: Seine Generation wolle nur
noch berühmt sein, egal für was. Die Selbstdarstellung
wird oft besser honoriert als ehrliche Arbeit. Daher der
seelische Exhibitionismus, der wie eine Epidemie unsere Gesellschaft durchseucht, der krankhafte Versuch,
es jenseits von Leistung zu etwas bringen zu wollen.
Und der immer mehr belohnt wird. Die Selbstvermark-
tung wird zu Inhalt und Leistung an sich. Ständig gilt
es, wie es so verräterisch heißt, »sich zu verkaufen«.
Früher wurden Sklaven verkauft, oder Tiere. Die De-
generation des modernen Zeitgenossen ist so weit fort-
geschritten, dass er selbst zur Ware wird. Das Egois-
muskonzept der »Ich-AG« verdrängt gewachsene
Wertmaßstäbe. In der Wirtschaft setzt sich immer
mehr das Faustrecht durch. Wenn es nutzt, werden Ver-
träge gebrochen, altgediente Mitarbeiter entlassen, mit
Mafiamethoden Konkurrenten ausgeschaltet. Womit
wir zum zweiten moralzersetzenden Übel kommen,
der Raffgier des Raubtier-Kapitalismus.

SEUCHE HABGIER

Als James Joyce sich bei seinem Englischschüler Italo
Calvino darüber beklagte, dass er von seinen Geschäfts-
partnern so häufig betrogen würde, sagte Italo Calvino:
»Dass man im Geschäftsleben betrogen wird, ist normal.«

Was würde Italo Calvino heute sagen angesichts der gigantischen Bilanzbetrügereien des Managements des ENRON-Konzerns, der Schweinerei des Irakkrieges oder der Ausbeutung von Kleinanlegern durch »legale« Bankmachenschaften in Milliardenhöhe. Und ist es normal, dass in Unternehmen wie der Deutschen Bank Tausende Arbeitsplätze »wegrationalisiert« werden und das dadurch »erfolgreiche« Management sich satte Sonderzahlungen zu den ohnehin nicht mageren Gehältern »leistet«? Die Vorstände beziehen ein Durchschnittssalär von 6,69 Millionen Euro, der Chef rund 11 Millionen Euro. Bertolt Brecht hat einmal gesagt: »Die Gründung einer Bank ist ein größeres Verbrechen, als sie auszurauben.« Die Geldgier kennt weder Scham noch Grenzen. Der griechische Philosoph Platon hat einmal überlegt, dass, wenn in einer Gesellschaft die reichsten Bürger zwanzigmal so viel haben wie der Durchschnitt, der Zusammenhalt des Staatswesens noch nicht gefährdet sei. Im modernen Raubtier-Kapitalismus ist der Abstand aber über 300fach.

Wo führt die hemmungslose, von keiner Moral und keiner staatlichen Kontrolle gebremste Gier hin? Die amerikanische Bank Merrill Lynch hat im vergangenen Jahr rund 20 000 Mitarbeiter entlassen – und der Chef Stanley O'Neill hat für diese »Leistung« ein Jahresgehalt von 32,5 Millionen Dollar sowie ein Erfolgshonorar von 28 Millionen zusätzlich kassiert. Gehälter in dieser Höhe sind nicht mit Leistung zu erklären, sondern nur mit den Marktbedingungen, die sie ermöglichen. Die Gier nach größtmöglicher Maximierung definiert Paul Valéry 1922 als das Wesen des europäischen Geistes, dessen konsequente Weiterentwicklung die Amerikanisierung des Erfolgsdenkens ist: »Überall, wo der europäische Geist zur Vorherrschaft kommt, tritt ein *Maximum* an Bedürfnissen in Erscheinung, ein *Maximum* an Arbeit, ein *Maximum* an Kapital, ein *Maximum* an Ertrag, ein *Maximum* an Ambition, ein *Maximum* an Macht, ein *Maximum* an Eingriffen in die äußere Natur, ein *Maximum* an Beziehung und Austausch.«

Der legendäre Siouxhäuptling Sitting Bull hat bereits 1866 in einer bemerkenswerten Rede den seelischen Defekt der weißen, europastämmigen US-Amerikaner analysiert: »Habgier ist ihre Krankheit. Sie haben viele Gesetze gemacht, und die Reichen dürfen sie brechen, die Armen aber nicht. Sie nehmen das Geld der Armen und Schwachen, um die Reichen und Starken damit zu stützen.« Das Übel setzt sich wie eine ansteckende Krankheit fort und dringt in alle Bereiche des wirtschaftlichen, sozialen und – das ist das wirklich erschütternde – sogar des privaten Lebens. In manchen Bereichen wuchert das Übel so sehr, dass es fast schon absurd wirkt wie bei der amerikanischen Harvard-Universität.

Die Eliteschule ist mit über 19 Milliarden Dollar Vermögen ein Wirtschaftsgigant, dessen Finanzkraft die manche kleinerer Staaten übertrifft. Da man als Finanzlaie sich unter Ziffern relativ wenig vorstellen kann, hier ein Beispiel, was es heißt, eine solche Kapitalmacht zu sein: Die Harvard-Universität ist »nebenher« der zweitgrößte Waldbesitzer in Neuseeland.

Trotzdem wird die reichste Hochschule der Welt von Geldsorgen geplagt. Ein Studium kostet dort pro Jahr (Kost, Logis und Unterricht) knapp 40 000 Dollar. Das ist kein Pappenstiel und nur gutbetuchte Eltern können sich das leisten. Immerhin müssen davon die üppigen Gehälter der Topprofessoren bezahlt werden.

Ein solcher Edeleierkopf bekommt bis zu 500 000 Dollar pro Jahr. Aber diese Gehälter sind beinahe ein Hungerlohn gegen das, was die Manager der Harvard Management Company, der Verwaltungsgesellschaft des riesigen Uni-Vermögens bekommen, oder besser sich abzweigen. Die sechs erfolgreichsten Geldanleger genehmigen sich rund 100 Millionen Dollar Gehalt, die beiden »besten« jeweils 35 bzw. 34 Millionen. Damit verdienen sie 68-mal so viel wie der Uni-Präsident. Obwohl die Hochschule über ein sattes 2,4-Millarden-Dollar-Budget pro Jahr verfügt, reicht das nicht, dank der Abzockerei des Managements. Daher sind rund 30 professionelle Spendensammler rastlos tätig, ehemalige Harvardstudenten mit Telefonaten, Besuchen, Briefen und sentimentalen Ehemaligen-Journalen zum Spenden für ihre Alma Mater zu ermuntern. Das bringt jährlich mehrere hundert Millionen von Klein- und Großspendern oder sogar vererbte Vermögen. Der ehemalige Medizinstudent und erfolgreiche Arzt Terry M. Bennett, der vier Millionen Dollar spendete, ist lt. *Spiegel Online* richtig sauer, wenn er an die Verwaltungsvampire denkt: »Man braucht rund zehn Leute wie mich, nur um das Gehalt von einem dieser Schweine zu bezahlen.« Sein Zorn ist verständlich. Mit seiner großzügigen Spende wollte er das Studiengeld für sozial schwache Medizinstudenten senken.

Bescheidenheit statt Abhängigkeit
☞ *Beispiel 1*

Sophomore Steve Stanzak, Anglistik-Student der New York University, reagierte auf die Ausbeutung der Studenten durch das Universitätsmanagement mit einem verblüffenden Konzept. Trotz vier verschiedener Jobs, in denen er bis zu 30 Stunden in der Woche als Aushilfslehrer an einer Grundschule, als Babysitter, als Sozialarbeiter und als Haushälter arbeitete, konnte er plus einem Stipendium von jährlich 15 000 Dollar sowie einem Ausbildungskredit die Studiengebühren von 31 000 Dollar gerade aufbringen! – nicht aber die Miete für ein Zimmer und das teure Leben in New York. Der »idealistische Träumer«, wie er sich selbst beschreibt, campierte daraufhin kurz entschlossen in einem Computerraum der Universitäts-Bibliothek auf dem Boden zwischen Geräten und Kartons. Die Sicherheitskräfte weckten ihn häufig, drückten aber ein Auge zu. Später zog er eine Etage tiefer ins Archiv. Acht Monate schlief er in einer Ecke auf einem Bett aus vier Stühlen und einem Kopfkissen. Eine Decke brauchte er im warmen Bibliothekskeller nicht. Wenn es kühler wurde, deckte er sich manchmal mit zwei Zeitungen zu. Allerdings brauchte er eine Schlafmaske, da sein »Schlafzimmer« die ganze Nacht hell erleuchtet blieb.

Zum Duschen ging er in die Sporthalle, seine Hausarbeiten schrieb er bei McDonald's. Seine konsequent bescheidene Lebensform konnten seine Mitstudenten auf einer eigens eingerichteten Website mitverfolgen. Dort beschrieb Stanzak »die Geschichte vom mittellosen Burschen und seinem Streben nach einer College-Ausbildung«. Über seine Website lernte er viele Leute kennen und wurde von anderen *homeless people* eingeladen. So von Ray, einem ehemaligen Obdachlosen, mit dem er ein Heim für jugendliche Straßenkinder besuchte. Danach schrieb er ins Internettagebuch: »Ich bin nichts Besonderes, ich bin glücklich, dass ich einen Platz für die Nacht habe und ein paar Jobs. Ich bin obdachlos, aber nicht *obdachlos*.« Spendenangebote verweist er seitdem an Obdachlosenorganisationen.

Die originelle Idee und kompromisslose Durchführung machten den Studenten im April 2004 zu einer USA-weiten Berühmtheit. Die »New York Times« brachte Stanzak auf die Titelseite und widmete dem »Uni-Diogenes« einen Artikel. Stanzak war gerade im Seminar für keltische Literatur, als ein Universitätsbote hereinkam und der Professorin einen Brief gab. Die Nachricht war für Steve Stanzak: Der 20-Jährige wurde zum Dekan beordert. Unverzüglich. Dem war sofort klar, worum es ging. Unterwegs nahm er an jedem Trinkbrunnen einen Schluck, um sich zu beruhigen. »Ich bin sicher, Sie wissen, warum Sie hier sind«, begrüßte der Dekan den berühmten Studenten und ließ sich dessen Lebensgeschichte erzählen.

Daraufhin stellte die Universitätsleitung dem modernen Stoiker ein kostenloses Zimmer in einem Studentenwohnheim zur Verfügung. Universitätssprecher John Beckman begründete die Unterstützung des Studenten so: »Stanzak hat sich in seiner Geldnot mit einer einzigartigen Lösung zu helfen gewusst. Damit wird er sicher in die Annalen der Universität eingehen. Wir sind stolz auf ihn.« Stanzak betonte: »Ich tat es nicht, damit mir geholfen wird, sondern um da zu wohnen.« Er habe keineswegs auf die Wohltätigkeit der Universität und das Mitleid seiner Website-Leser spekuliert. Damit hat Stanzak den Grundsatz der Stoiker praktiziert:

Bau nur auf dem auf, was in deiner eigenen Macht liegt! Und mach dir um alles andere keine Sorgen, denn du kannst sowieso nichts tun und keinen Einfluss darauf nehmen, unbewusst und erfolgreich in die Tat umgesetzt.

27

Dass die Gier im Mutterland des Kapitalismus derart parasitär wuchert, ist für viele nicht verwunderlich. Dort, wo nach amtlichen Angaben 35,9 Millionen Amerikaner offiziell als arm gelten und der Mindestlohn um die 5,15 Dollar dümpelt – ohne Versicherung, Kranken- und Urlaubsgeldanspruch! –, sanieren sich die Wohlhabenden auf Kosten der Unterprivilegierten. Doch sieht es bei uns in Europa, wo angeblich jeder sozial abgesichert ist, anders aus? Dass deutsche Manager nicht gerade zu den Armen zählen, hat sich bereits herumgesprochen. Dass deutsche Industrielle nach dem Verkauf ihrer Firmen oft keinen Heller Steuer zahlen, weil sie zuvor ihren Wohnsitz in ein »steuerschonendes« Land verlegt haben, wie beispielsweise der Pillenhersteller Engelhardt vor dem Verkauf seines Konzerns Boehringer Ingelheim, ist bekannt. Herr Engelhardt bekam für sein Unternehmen 16 Milliarden Mark. Hätte man ihm die Summe in 100-Mark-Scheinen überreicht, hätte er dreißig Jahre zählen müssen, ob alles korrekt ist. Da er in der Karibik eine Insel besitzt, hat er damals keine Mark Steuer bezahlt. Dass unsere Volksvertreter im Brüsseler Korruptionsparadies auf Kosten des Steuerzahlers zu Wohlstand kommen, ist ein offenes Geheimnis. Wo die Millionen versickern, wird, den beschwörenden Sonntagsreden der EU-Parlamentarier zum Trotz, nie aufgeklärt. Und wenn ein Sündenbock gefunden wird, sucht man vergeblich nach dem entwendeten Geld. Unsere gewählten Volksvertreter sind nicht viel besser als die Raubritter in den Wirtschaftskonzernen.

Um ein Beispiel aus Österreich zu bringen: Dort greift die Politikerkaste schamloser in die Kasse der Allgemeinheit als in der übrigen EU. Der deutsche

Bundeskanzler erhält jährlich 45 000 Euro weniger als sein österreichisches Pendant. Deutsche Minister bekommen 15 000 Euro weniger als ihre österreichischen Kollegen, deutsche Ministerpräsidenten 50 000 Euro weniger als ihre österreichischen positionsgleichen Landeshauptleute, und der deutsche Bundespräsident bezieht 50 000 Euro weniger als das österreichische Staatsoberhaupt. Deutschland hat allerdings zehnmal mehr Einwohner als Österreich. Dass ihre Arbeit überbezahlt sein könnte, fällt den meisten Leuten, die sich munter aus den öffentlichen Kassen bedienen, nicht im Traum ein.

Früher lebten Fürsten, Adel und Kirche auf Kosten ihrer Leibeigenen und Untertanen und saugten später, als das immer schwieriger wurde, versklavte Völker in den Kolonien aus. Heute saniert sich die Ausbeuterkaste in Wirtschaft und Politik auf Kosten der Allgemeinheit durch »Rentenklau und Sozialabbau«, wie es der Rentnerlobbyist Walter Hirrlinger griffig auf den Punkt bringt. Die »Melkkühe« und »Opferlämmer« sind wieder im eigenen Stall. Man muss nur zugreifen. Obwohl wir Wahnsinnssteuern zahlen, schröpft man uns zusätzlich bis an die Schmerzgrenze. Das geht über den undurchsichtigen Gebührenbereich. Fast unmerklich steigen Benzinpreis, Grundsteuer, Bankomatgebühr, U-Bahn-Ticket und und und. Oft zahlt der Bürger doppelt für Dinge, die eigentlich durch seine Steuern finanziert sein müssten. Die Zecke Verwaltung weiß, wo etwas zu holen ist, und saugt sich voll. In Berlin betrugen die Steuereinnahmen 2002 4 Milliarden Mark – und die Beamtengehälter der Stadt 4,5 Milliarden. Das alles verwundert nicht, wenn man erfährt, dass auf *einen Selbständigen* in Westdeutschland *ein Beamter* kommt, der ihn verwaltet. In Ostdeutschland ist es noch bizarrer: *Zwei Beamte* verwalten dort *einen Selbständigen*. Nach dem im April 2004 erschienenen »Sozialatlas« der Bundeshauptstadt geht es im Gegensatz zur letzten Erhebung Ende der neunziger Jahre den Berlinern im Durchschnitt aller sozialen Grunddaten vier Prozent schlechter. Das klingt nicht aufregend, bedeutet aber real, dass 533 000 Berliner laut dieser Statistik mit weniger als 600 Euro im Monat auskommen müssen und damit unterhalb der Artmutsgrenze leben. Laut *Spiegel Online* hat sich demnach in Berlin »eine Armenarmee mit der Einwohnerzahl von Hannover oder Dortmund gebildet – und sie wächst ständig weiter«. Alarmierend ist, dass sich die neuen Armen in einzelnen Bezirken konzentrieren. Wedding, Prenzlauer Berg, Kreuzberg, Neukölln, Friedrichshain und Tiergarten bilden eine Art Slumring um den Berliner Regierungssitz, wo der rot-rote Senat aus SPD und PDS die Macht hat und »mehr Notstandsverwaltung als aktive Politik« betreibt. Im Osten ergänzen ghettoähnliche Problembezirke wie Marzahn oder Hellersdorf die Misere.

Der amerikanische Finanzberater Brian Foley sagt zur Gier der neuen Aristokraten schlicht: »Es gibt reichlich Unternehmen, die ihre Party auf dem Rücken derer feiern, die zuvor ausgesiebt, gekündigt oder auf andere Art geschasst wurden. Manche essen von goldenen Tellern, während für andere nur die kümmerlichen Reste bleiben.« Das Empörende ist besonders, dass Unternehmen, die Megagewinne einfahren, ihre Mitarbeiter problemlos besser entlohnen könnten. So verdient der Normalmitarbeiter der amerikanischen Supermarktkette Wal-Mart, einem der erfolgreichsten Unternehmen der USA, im Durchschnitt 6,50 Dollar in der Stunde. Die alte Lebensweisheit, mit seinem Einkommen auszukommen, ist bei derartigen Hunger-löhnen für den modernen Wirtschaftssklaven fast unmöglich. Von diesem Lohn kann man sich keine Krankenversicherung leisten, weshalb viele ältere Wal-Mart-Mitarbeiter einen mit Zahnlücken anlächeln. Die staatliche Gesundheitsfürsorge Medicaid zahlt nämlich nicht die Zahnbehandlung – außer für Mitbürger, die gar keine Zähne mehr besitzen. Also lassen sich manche vor Verzweiflung und Schmerzen alle restlichen Zähne ziehen, um in den Besitz eines Gebisses zu kommen. Aufstiegschancen haben die meisten Billigjobber nicht, wie der amerikanische Autor David K. Shipler in sei-ner beklemmenden neuen Studie »The Working Poor« (Die arbeitenden Armen) belegt. In einem Interview fragt er z. B. einen Wal-Mart-Filialleiter, ob das Unter-nehmen nicht in der Lage wäre, Mitarbeitern, die für ein Einkommen unter dem Existenzminimum schuf-ten müssten, pro Stunde eine Hand voll Dollar mehr zu zahlen. Der Manager meint: »Sicher, die Gewinne müssten dafür ausreichen. Aber dann müssten wir bei anderen Dingen sparen. Vielleicht könnten wir dann nicht mehr die vielen hübschen Ballons überall in den Geschäftsräumen aufhängen.« So viel Zynismus ver-schlägt einem die Sprache.

Was uns hier so schrecklich amerikanisch vor-kommt, ist inzwischen auch im Sozialstaat Deutsch-land angekommen. Das Bundesministerium für Arbeit und Wirtschaft gab Ende März 2004 eine Liste mit Be-rufsgruppen heraus, die laut Tarifvertrag Stundenlöhne unter sechs Euro verdienen. Die Liste weist nach, dass in mehr als 130 von den insgesamt rund 2800 gültigen Verbands-Tarifverträgen inzwischen Stundenlöhne gezahlt werden, die in Wirklichkeit Hungerlöhne genannt werden müssten. Davon betroffen sind rund 2,8 Millionen Arbeitnehmer. Das sind knapp 7,5 Prozent aller Erwerbstätigen in Deutschland. So verdient z.B. ein Büro- und Verwaltungsangestellter in Sachsen-Anhalt € 5,93 pro Stunde, ein Angestellter in einem Elektrobetrieb in Schleswig-Holstein € 5,80, eine Haushaltshilfe in Nordrhein-Westfalen € 5,63, ein Friseurmeister mit zehn Angestellten in Sachsen € 5,47, ein Wachmann in Brandenburg € 4,84, ein Fahrkartenkontrolleur in Thüringen € 4,49 oder ein Kaufmännischer Angestellter im Gartenbau in Sachsen € 2,74 pro Stunde.

Doch es gibt noch schlimmere Auswüchse des Raubtierkapitalismus. Die meisten Textilfirmen lassen inzwischen ihre Kleidung in Billiglohnländern nähen. Diese oft auf Kinderarbeit basierende Ausbeutung garantiert satte Gewinne, doch sogar diese Lohnsklaven in China oder der Ukraine verdienen in den Augen mancher Wirtschaftsbosse immer noch viel zu viel. Daher haben sie sich neue paradiesisch-billige Arbeitsmethoden direkt in New York City geschaffen. Dort nähen – unbehelligt von lästigen Gewerkschaften – Einwanderinnen aus Drittweltländern, die auf dem US-Arbeitsmarkt keine Chance haben, in heruntergekommenen Fabrikgebäuden zum Spottpreis von einem Dollar pro Stunde an den Textilien, die das ressourcenvernichtende Ungeheuer der amerikanischen Wegwerfgesellschaft braucht. Und nun kommt der Clou: Die Singer-

Nähmaschinen, an denen die Frauen arbeiten, sind Oldtimer aus der ersten Hälfte des 20. Jahrhunderts, die mit Muskelkraft bewegt werden müssen. Damit spart die Ausbeuterfirma außerdem die Kosten für den Betriebsstrom.

Weitaus schlimmer aber ist, dass die Seuche Habgier nicht auf die Ökonomie oder auf den öffentlichen Sektor beschränkt bleibt. Wie alle physischen oder geistigen Epidemien breitet sich auch diese rasant aus, überspringt Ländergrenzen und Kontinente und dringt tief bis ins Privatleben ein. Wo sämtliche menschliche Werte auf Erfolg, Geld und Ruhm reduziert werden, gehen in Jahrhunderten erworbene zivilisatorische Errungenschaften verloren. Wie schnell ganze Nationen in die längst überwunden geglaubte Barbarei zurückfallen können, zeigt die politische Geschichte. Im 19. Jahrhundert wurden beispielsweise Kriege so geführt, dass die Zivilbevölkerung möglichst nicht in Mitleidenschaft gezogen wurde. Damit war es Schluss, als der größenwahnsinnige Kaiser Wilhelm II. und sein entfesselter Generalstab plötzlich den U-Boot-Krieg auf Schiffe der zivilen Seefahrt ausdehnten. Tausende unschuldige Seeleute und Passagiere fanden den Tod.

Da sich der moralische Zerfall wie ein Virus ausbreitet, verwundert es nicht, dass »die Armen dieselben Laster haben wie die Reichen – nur, dass die Armen dafür bestraft werden«, wie John Gay in seiner berühmten »Beggar's Opera« (Bettler-Oper) sagt, auf deren Grundlage Bertolt Brecht und Elisabeth Hauptmann ihre »Dreigroschenoper« verfassten. Finanztransfers in Steuerparadiese, durch clevere Steuerexperten »legalisiert«, sind eben etwas anderes als eine kleine Steuerhinterziehung eines Handwerksmeisters, der die

Schlupflöcher nicht kennt und deshalb später dafür Strafgelder zahlen muss. Die Seuche Habgier dringt tief in alle Bereiche des wirtschaftlichen und öffentlichen Lebens. Konzerne übernehmen Konkurrenten per »feindlicher Übernahme«, Chefs beuten ihre Angestellten und Arbeiter aus, in der Firmenbelegschaft wird Mobbing immer mehr zur Waffe, mit der sich Angestellte ihrer eigenen Kollegen entledigen, die Beamtenkaste saugt wiederum einfache Steuerzahler aus. Und die Seuche macht natürlich nicht vor dem Privatleben Halt. Mit dem Zerfall der Werte geht das Gefühl für Würde und Anstand, Treu und Glauben verloren. De la Rochefoucauld sagt irgendwo einen Satz von wunderbarer moralischer Tiefe: »Es ist eine größere Schande, seinen Freunden zu misstrauen, als von ihnen betrogen zu werden.« Angesichts kleiner mieser Betrügereien sogenannter »Freunde« wird es natürlich schwer, diesem grandiosen ethischen Maßstab gerecht zu werden. Doch es gibt keinen anderen Weg. Wenn wir die moralischen Errungenschaften aufgeben, geben wir uns selbst auf.

FREUDE AN DER ARBEIT?

Mehr Schein als Sein und die Habgier mit ihren Töchtern Verrat, Betrug, Ausbeutung und Wortbruch sind die Grundübel, die die Fundamente vernünftigen menschlichen Zusammenlebens ruinieren. Letztlich ist es der seit Urzeiten währende Kampf zwischen sozialer Verantwortung für die Gemeinschaft und dem Egoismus Einzelner. Immer wieder gelingt es Einzelkämpfern, Gruppen oder Familienclans, Machtkartelle

zu gründen, die andere ausbeuten oder sogar verskla-
ven.

Jeder der großen Religionsstifter, Ordensgründer
oder Lehrer der Menschheit wusste um die Gefahr.
Mohammed verlangt im Koran von jedem seiner Gläubigen, 10 Prozent seines Einkommens den Armen zu
geben – und jeder wahre Muslim hält sich bis heute daran. Buddha hält Hass, Neid und Besitzgier schädlich
für die Seele. Und Jesus Christus wurde wahrscheinlich zum Tode verurteilt, nicht weil er sagte, er sei Gottes Sohn, sondern weil er die ausbeuterischen Geldge-
schäfte und Immobilienspekulationen der Sadduzäer,
die Kaste der Tempelpriester, welche den Tempel zu Je-
rusalem als Bank benutzten, aktiv angriff. Sie sahen in
dieser Aktion das Signal zum Aufstand der verarmten
Massen.

Da im Neuen Testament Gewinnsucht und Habgier
schärfstens verurteilt werden, galt es in der Blütezeit
des Christentums als schändlich, Geld auf Zinsen zu
verleihen. Gewinn zu kassieren ohne ehrliche Arbeit
war nach dem Rechtsempfinden des Mittelalters ein
Werk des Teufels. Heute basiert auf diesem Grundübel
das gesamte globale Wirtschaftssystem. Erfolg und Gewinn sind die zentralen Werte des modernen Menschen, auf die bereits von Kindheit an jede Anstrengung gerichtet ist. Im Mittelalter war man der Ansicht,
dass Zinsnehmen, Warenvertrieb, überhaupt aller Er-
werb, der nicht aus der Erzeugung, sondern aus dem
Umsatz von Gütern fließt, nur eine feinere und ver-
stecktere Form des Betruges sei. »Mit Geld wuchern
heißt nicht arbeiten, sondern andere schinden in Müßiggang«, sagt Geiler von Kaisersberg. Das Handwerk
galt nicht als Handel. Hier wurde Arbeit bezahlt. Es

war weniger eine ökonomische Frage als eine Ehrensache, möglichst gute Arbeit zu liefern. Daher die gediegene Qualität alter Möbel, Bücher, Häuser, Kathedralen, ja ganzer Städte, die wir heute ehrfürchtig bestaunen.

Der Anspruch, in jedem Bereich saubere Arbeit zu liefern, das Streben nach Reinheit, setzte sich über Jahrhunderte fort – bis immer mehr lieblos zusammengeschusterte Billigprodukte den Markt überschwemmten. Heute geht es weniger um ehrliche Arbeit als um schnellen Umsatz und Gewinnmaximierung. Denn nach der modernen Wirtschaftsphilosophie ist Zeit Geld. Die logische Folge ist, dass ständig die lauernde Konkurrenz überflügelt werden muss. Und je rationeller die Maschinen, je schneller die Kommunikationsmittel, je rascher die Verkehrsverbindungen, umso höher wird der Umsatz. Doch wie sollen bei diesem mörderischen Tempo die Produkte noch wirklich ausreifen? Das geht nur durch den Einsatz enormer Kapitalkraft, damit ein Team von hochqualifizierten Fachleuten Z e i t hat, das Produkt perfekt zu entwickeln. Dieses Kapital muss meistens in Form von Krediten aufgebracht werden. Die Zinsen für diese Kredite sind so mörderisch, dass das Produkt möglichst schnell in den Vertrieb kommt. Folglich hetzt das gesamte Unternehmen dem Erfolg nach. Auch das Übel Stress verbreitet sich wie eine Seuche. Selbst Leute, die eigentlich Zeit hätten, um ihr Leben zu genießen, die Rentner, sind infiziert. Und erst recht die Schulkinder, die von ihren gestressten Eltern und Lehrern für den Lebenskampf trainiert werden, wie Blaise Pascal, der brillante französische Physiker und Philosoph, es in seinen berühmten »Gedanken« pointiert formulierte:

»Man belastet die Menschen von Kindheit an mit der Sorge um ihre Ehre, um ihren Besitz, ihre Freunde und noch dazu um den Besitz, um die Ehre ihrer Freunde. Man überhäuft sie mit Geschäften, mit dem Erlernen von Sprachen und Übungen, und man gibt ihnen zu verstehen, dass sie nicht glücklich sein können, wenn nicht ihre und ihrer Freunde Gesundheit, Ehre, Vermögen in gutem Stande sind, und dass sie unglücklich würden, wenn nur eines von ihnen fehlte. So gibt man ihnen Ämter und Geschäfte, die sie von Anbruch des Tages an plagen. – Das ist, werden Sie sagen, eine sonderbare Art, sie glücklich zu machen! Was könnte man Besseres tun, sie unglücklich zu machen! – Wie? Was man tun könnte? Man brauchte ihnen nur alle diese Sorgen wegzunehmen; dann würden sie sich selbst sehen, sie würden an das denken, was sie sind, woher sie kommen, wohin sie gehen; so kann man sie gar nicht genug beschäftigen und ablenken. Und nachdem man ihnen so viele Geschäfte bereitet hat, rät man ihnen darum auch, wenn sie ein wenig Zeit und Ruhe haben, diese mit Zerstreuungen und Spielen zuzubringen und sich immer ganz zu beschäftigen. Wie ist das Herz des Menschen hohl und voll von Gestank.«

Der Mann, der diese tiefblickenden Sätze formulierte, ist auch einer jener Großen, die das lebten, was sie predigten. Daher gebe ich hier einen kurzen Abriss über sein wahrhaft weises Leben:

Bescheidenheit statt Abhängigkeit
☞ Beispiel 2

Spätestens als der zwölfjährige Blaise ganz allein, ohne Buch und Hilfe eines Lehrers, mit etwas Kohle, mit der er auf die Fliesen seines Zimmers Figuren malte, einen großen Teil der Sätze Euklids entdeckte, war dem Vater klar, dass der Junge ein Genie ist. Der alte Pascal gab sein Amt als Präsident der Finanzverwaltung von Clermont auf und zog nach Paris, um sich ganz der Erziehung seines Wunderkindes zu widmen. Die Entscheidung stellte sich als richtig heraus: Mit 16 verfasste Blaise eine Abhandlung über Kegelschnitte, die die Fachgelehrten in Staunen versetzte; mit 19 erfand er eine Rechenmaschine, mit der man komplizierte arithmetische Berechnungen machen konnte, ohne die Lösungsregeln zu beherrschen; mit 23 überraschte er die Welt der Wissenschaft mit sensationellen Erkenntnissen zur Höhenmessung des Luftdrucks, die bis heute seinen Namen tragen.

Doch je komplizierter die Mathematik, umso transzendenter wird sie. In der Nacht zum 24. November 1654 erkannte Pascal, dass Wissenschaft für uns im höheren Sinne wertlos ist, dass die wahre Aufgabe des Geistes in der Hingabe zu Gott besteht. Er zog sich in die Stille des Klosters Port-Royal zurück, um sein Genie in den Dienst der Religion zu stellen. Hier versuchte Pascal, ein gottgefälliges Leben zu führen. Abgeschieden von der Welt entwickelte Pascal ein gewaltiges philosophisches Gedankengebäude mit glasklaren Schlussfolgerungen, die er mit großer sprachlicher Schönheit zu Papier brachte:

»Alle Körper, das Firmament, die Sterne, die Erde und die Naturreiche zählen nicht so viel wie der kleinste der Geister, denn er weiß von alldem und von sich selbst, und der Körper von nichts. Und alle Körper und alle Geister zusammen und alle ihre Werke zählen nicht so viel wie die geringste Regung der Liebe; denn die Liebe gehört einer unvergleichlich erhabeneren Ordnung an.«

Diese kraftvollen Einsichten kamen aus einem geschwächten Körper. Ständig litt Pascal unter Koliken, Kopfschmerzen, Schlaflosigkeit und Zahnfleischentzündung. Obwohl von seinen Mitbrüdern liebevoll umhegt, verzichtete Pascal auf jede Bequemlichkeit, kümmerte sich um alle Bedürfnisse selbst und war trotzdem die Heiterkeit in Person. Er nahm sogar noch einen kranken Armen zu sich, um diesen zu pflegen. Pascal pries Gott für seine Krankheiten, denn »Krankheit«, sagte er, »ist der einzige eines Christen würdige Zustand«. Der fröhliche Philosoph hatte förmlich Angst, wieder gesund zu werden. Auf den Flügeln seines Geistes gelangte er in Höhen, die Normalsterblichen verschlossen sind.

Nach Pascals Tod veröffentlichte seine Schwester Gilberte die nachgelassenen Fragmente eines geplanten Werkes. Diese »Gedanken über die Religion« sind eines der schönsten Werke der Weltliteratur. »Das Herz hat seine Logik, die die Logik nicht kennt«, sagte der größte französische Philosoph, aber auch: »Je mehr ich die Menschen betrachte, umso mehr liebe ich meinen Hund.« Blaise Pascal lebte von 1623 bis 1662. An seinen grandiosen Entdeckungen kommt man auch heute in Mathematik und Physik nicht vorbei. Pascal ist die internationale Maßeinheit für Druck, und zur Erinnerung: 1 Pascal = 1 Newton/m^2.

Doch zurück zu den Wurzeln des Unglücks: Wer, von der Kassiererin an der Supermarktkasse bis zum Entwicklungsingenieur einer Motorenfabrik, vom Zahnarzt bis zur Volksschullehrerin, hat da noch Freude an seiner Arbeit? Alle stehen unter Druck, leiden unter dem Stress, fühlen sich ausgelaugt und sehnen sich nach der großen Urlaubsfreiheit. Laut der jährlichen Gallup-Studie zur Arbeitszufriedenheit ist Deutschland eine erschreckende Motivationswüste. »Rund 88 Prozent der interviewten Mitarbeiter betrachten sich selbst als demotiviert. Also machen sie im günstigsten Fall Dienst nach Vorschrift oder arbeiten aus Rache sogar gegen das eigene Unternehmen.« Seltsamerweise sind jene, die relativ wenig harte Arbeit leisten und gemütliche Jobs in der Verwaltung haben, ausgelaugter, depressiver und kränker als diejenigen, welche ständig um ihren Job kämpfen müssen wie Freiberufler oder Kleinunternehmer. Die Statistik zeigt, dass die meisten Krankenstände von allen Berufsgruppen die Beamten verzeichnen, und unter den Beamten wiederum sind die Lehrer, die drei Monate Ferien genießen dürfen, die Kränkesten.

Friedrich Nietzsche äußerte sich zu diesem Problem in seiner gewohnt knallharten Art: »*Alle Menschen zerfallen, wie zu allen Zeiten so auch jetzt, in Sklaven und Freie; denn wer von seinem Tage nicht zwei Drittel für sich hat, ist ein Sklave, er sei übrigens wer er wolle: Staatsmann, Kaufmann, Beamter, Gelehrter.*« Die statistisch gesehen gesündesten Mitbürger sind jene, die oft keine soziale Absicherung besitzen, weil sie nicht genug verdienen und ständig um ihre Existenz kämpfen müssen: die Freiberufler. Die sich immer mehr aufblähende Bürokratie produziert immer mehr unproduktive, sinnentleerte Arbeit, bekommt vom erwirtschafteten Gewinn aber den größten Anteil. Ein amerikanischer Soziologe hat es für die kreativen Berufe einmal auf den Punkt bebracht:

»*Wer's kann, tut es, wer's nicht kann, lehrt es, und wer es nicht kann und nicht lehrt, verwaltet es.*«

Am oben angeführten Beispiel der Harvard-Universität zeigt sich deutlich, dass die Verwalter finanziell immer auf der Gewinnerseite sind. Sie streichen wesentlich mehr ein als die Professoren. Die Stoffe, die die Hochschullehrer unterrichten, aber wurden meistens von kreativen Geistern entwickelt, die oft von ihrer Arbeit kaum leben konnten. Mozart wurde in einem Armengrab beerdigt. Gemessen an den Aufführungen und sonstiger Vermarktung seiner Werke in den letzten 200 Jahren müsste er 10-mal reicher sein als der 38,5 Milliarden Dollar schwere Bill Gates.

Allerdings: Was ist ein reicher Mann? Reichtum ist ja etwas sehr Relatives, und ob ein sattes Vermögen wirklich glücklich macht, ist die Frage. Für Aristoteles Onassis war ein Millionär »oft nur ein armer Mann mit sehr viel Geld«. Erstaunlich ist die Beobachtung des Herausgebers des Diners-Club-Magazins Hans Christian Meiser. In den Fünf-Sterne-Hotels erscheinen ihm die Gäste wie Elendsfiguren in Samt und Seide, deprimiert, freudlos, misstrauisch, arrogant und grau. Je weniger Sterne das Hotel aufzuweisen hat, umso fröhlicher werden die Gäste.

Ähnliches bestätigt die Untersuchung eines amerikanischen Anthropologen, der herausfinden wollte, in welchem Teil der Welt die Menschen am glücklichsten sind. Dort, wo die Menschen im Wohlstand und sozial abgesichert leben, in den westlichen Industrienationen, fühlen sich die meisten unglücklich, und dort, wo der Satz »Wer weiß, was morgen ist?« nicht nur ein geflügeltes Wort, sondern alltäglich harte Realität ist, in Mali, in Niger und anderen armen Ländern Afrikas, sind die Menschen fröhlich und fühlen sich wohl.

Beispiele der Bescheidenheit

oder Wege zur Freiheit

———— ——➤ ◄—— ————

Niemandes Herr, niemandes Knecht,
und ein bescheidenes, aber regelmäßiges
Einkommen, das ist das Glück des Menschen.
Hafiz

Wenn nun die Ärmsten der Armen in Afrika nachweislich glücklicher sind als die im Wohlstand lebenden Nordamerikaner, Mitteleuropäer und Japaner, gibt das zu denken. Vielleicht stimmt der berühmte Satz, wonach Geld zwar nicht glücklich macht, aber beruhigen würde, gar nicht.

Bescheidenheit statt Abhängigkeit
☞ *Beispiel 3*

Der Philosoph Ludwig Wittgenstein (1889–1951), der zu seinen Lebzeiten nur knapp 200 Seiten veröffentlichte (worüber bis heute 2000 Arbeiten verfasst wurden), hatte jedenfalls erhebliche Zweifel an der glücklich machenden oder beruhigenden Eigenschaft des Geldes. Denn nicht Ruhm, Erfolg oder Reichtum waren sein höchstes Ziel, sondern Klarheit, Reinheit, Durchsichtigkeit.

Wittgensteins Vater, Herr eines millionenschweren Eisen- und Stahlimperiums, ließ den Sohn in Berlin Maschinenbau studieren, denn der Junge sollte später den Konzern übernehmen. Doch nach zwei Jahren ging Wittgenstein nach England, arbeitete an einem Forschungsprogramm, konstruierte Drachen und Ballone und beschäftigte sich mit der Entwicklung von Antriebsmotoren. Schon als Knabe hatte er aus Draht und Zündhölzern eine funktionstüchtige Nähmaschine zusammengebastelt – jetzt erfand er einen neuartigen Düsenpropeller. Bei der Beschäftigung mit Konstruktionsplänen merkte Wittgenstein, dass es im Grunde die Höhenflüge des Geistes waren, die ihn faszinierten. »Zu dieser Zeit ... ergriff ihn plötzlich die Philosophie ... Es war eine der Wandlungen, deren er noch mehrere in seinem Leben durchmachen sollte«, schrieb seine Schwester Hermine.

Weil ihm das eigene Denken unheimlich vorkam, suchte der 23-Jährige Rat bei seinem Professor Bertrand Russell, dem Star der neuen Logik: »Denken Sie, dass ich ein völliger Idiot bin?« »Warum wollen Sie das wissen?« »Weil ich, wenn ich einer bin, Pilot werde, wenn nicht Philosoph.« Russell bat ihn zur Klärung der Frage um einen philosophischen Essay. Wenig später war er sprachlos. Für ihn war Wittgenstein nach der kurzen Lektüre »das vollendetste Beispiel eines Genies der traditionellen Auffassung nach, das mir je begegnet ist: leidenschaftlich, tief, intensiv und beherrschend«.

Gerade sein Genie behinderte Wittgensteins Uni-Karriere. Als Muster eines Philosophen hielt er es für überflüssig, sich in seiner Dissertation um akademischen Firlefanz wie Vorwort, Fußnoten, Quellenangaben etc. zu kümmern. Das pingelige Professorenkollegium wies die geniale Arbeit zurück. Erst 15 Jahre später klappte es unter Umgehung sämtlicher Vorschriften doch noch. Nachdem der mittlerweile Berühmte die andächtig lauschende Oxforder Professorenschar mit seinen Geistesblitzen erleuchtet hatte, machten sie ihn begeistert auf der Stelle zum Ehrendoktor.

Nach dem Tod seines Vaters war Wittgenstein ein steinreicher Mann. 1914 verfügte er über ein Einkommen von rund 300 000 Kronen (über 300 000 Euro). Was soll ein Asket mit so viel Geld? Fragte er sich und spendete ein Drittel an mittellose Künstler wie Rilke, Kokoschka u. a. Der kranke Georg Trakl sollte davon 20 000 erhalten – und erlitt vor Freude einen Nervenzusammenbruch. Geld ist ein gefährlicher Stoff.

Um sein Leben unbeschwerter zu gestalten, schenkte Wittgenstein das ererbte Geld seinen Geschwistern und erlernte mit 30 einen soliden Brotberuf. Elf Monate später war er Volksschullehrer und eröffnete im kargen Bergdorf Trattenbach in Flanellhosen, mit Südwester auf dem Kopf seinen Schülern faszinierende Horizonte. In klaren Nächten erklärte Wittgenstein ihnen den Sternenhimmel, besuchte mit ihnen Bergwerke und Museen und bezahlte die Reisekosten für arme Schüler von seinem mageren Gehalt. Trotzdem machte ihn sein unausgeglichenes Temperament zu einem schlechten Pädagogen. Wenn er depressiv war, hagelte es Ohrfeigen. Nachdem ein Schüler ohnmächtig zusammengebrochen war, war Wittgenstein klar, dass er wieder einmal seinen Beruf verfehlt hatte, und wurde für ein halbes Jahr Gärtner im Kloster der Barmherzigen Brüder in Wien.

Danach nahm Wittgenstein die britische Staatsbürgerschaft an und wurde Professor in Cambridge. Seine Anhänger verehrten ihn wie einen Propheten. Zum Arbeiten zog er sich an einen norwegischen Fjord zurück, wo er sich noch zu Millionärszeiten ein Blockhaus hatte bauen lassen. Wer ihn besuchen wollte, musste ein Boot benutzen. Wittgenstein liebte die Einsamkeit. Daher gab er 1947 »die absurde Stellung eines Philosophieprofessors« auf. Für ihn war »es eine Art Lebendig-Begrabensein«. Wieder brach er alle Brücken hinter sich ab und zog an die sturmgepeitschte Westküste Irlands in eine Hütte »von jeder Zivilisation weit entfernt« und lebte von Kartoffeln, Wasser und Brot. Drei Tage nach seinem 62. Geburtstag starb er völlig gelassen. Seine Anhänger in aller Welt tröstete er mit den letzten Worten: »Tell them it was wonderful.«

Dass das rastlose Streben nach Geld, die Sorge um den Besitz, der tägliche Kampf um Anerkennung und Erfolg vom Wesentlichen, dem Leben an sich und der Freude daran ablenken, dürfte jedem dämmern, dem der gnadenlose Stress der modernen Wirtschaftsgesellschaft die Luft abschnürt. Und wohl jeder hat sich schon nach einer bescheidenen Lebensform im Stile Wittgensteins gesehnt. Egal, ob man unter der permanenten Hektik im Büro leidet, sich vor dem Gespenst der Arbeitslosigkeit fürchtet oder arbeitslos zu Hause sitzt, sich nutzlos fühlt und immer mehr verzweifelt, weil man scheinbar nicht mehr gebraucht wird. Nicht mehr gebraucht? Jeder wird gebraucht, wenn er will. Einer, der sich aus jeglicher Abhängigkeit befreite, um mit der gewonnenen persönlichen Freiheit ein riesiges Land zu befreien, und zwar mit friedlichen Mitteln, war Mahatma Gandhi (1869–1948).

Bescheidenheit statt Abhängigkeit
☞ *Beispiel 4*

Mit 13 wurde er verheiratet. Das ist bei der Hindukaste der Kaufleute, aus der er stammte, nicht ungewöhnlich. Der schmächtige Knabe wurde am ganzen Körper gesalbt. Dann begannen die Mysterien der Ehe. Nach ein paar Tagen wandelte sich die Angst vor der unheimlichen Begegnung mit der Braut. Nun konnte er Tag und Nacht nur noch an die Freuden der Liebe denken. Statt zu lernen, versank er in zärtliche Träumereien. Er wachte erst auf, als er durchs Examen fiel. Ein Jahr war verloren. Schlagartig wurde ihm bewusst, dass er dabei war, seine Zukunft zu gefährden. Bildung ist ein Privileg und Gandhi war einer der wenigen, der die Chance hatte, aus der Masse der ungebildeten Inder aufzusteigen. Dieses Ziel im Auge, begann er, mit mönchischer Strenge zu arbeiten. Er beschloss, an der Universität London zu studieren. Als er endlich Großbritannien betrat, fühlte er sich unter den Engländern wie der verlorene Sohn.

Er büffelte Latein und Französisch und studierte in dicken Wälzern die bürgerlichen Gesetze, bis ihm die Augen schmerzten. Als er mit dem Universitätsstudium in der Tasche nach Indien zurückkehrte, wollte der Weitgereiste der gesamten Verwandtschaft den westlichen Lebensstil aufzwingen. Er versprach sich von den extravaganten englischen Sitten höheres Ansehen. Doch das Luxusleben verschlang mehr, als er verdiente. Um zu Geld zu kommen, fuhr er erneut ins Ausland. Doch in Südafrika gab es unerwartete Probleme. Die weißen Kolonialherren ließen ihn spüren, dass er ein Mensch zweiter Klasse war. Statt im Innern der Kutsche, musste er vorne auf dem Bock reisen, er wurde vom Gehweg auf die staubige Straße gestoßen, im Hotel bekam er wegen seiner Hautfarbe kein Zimmer. Dennoch gelang es ihm, sich eine solide Existenz als Rechtsanwalt aufzubauen.

Nun setzte sich Gandhi für unterdrückte Minderheiten ein. Lautstark verlangte er gleiche Rechte für alle Menschen und inszenierte rebellische Aktionen. Man horchte auf. Es kam zu Gewaltakten gegen ihn. Um Haaresbreite der Lynchjustiz entronnen, verzieh er seinen Feinden und verhinderte, dass sie bestraft wurden.

Abgeklärt wollte er mit seinen alten Idealen des Luxus nichts mehr zu tun haben. Reichtum, Erfolg und Bildung hielt er inzwischen für lästigen Ballast. Mit 40 gründete er eine spirituelle Kommune. Seinen einträglichen Beruf als Jurist gab er auf. Armut, Keuschheit und Demut bestimmten nun sein Leben. Er ernährte sich von Nüssen und Früchten. Kuhmilch hielt er für ein gefährliches Aphrodisiakum. »Homespun« wurde seine Parole, mit der er in Versammlungen seine Hörer aufrüttelte. Wer sein Garn selbst spann und daraus selbst seine Kleidung herstellte, befreite sich vom Kaufzwang und von der Sklaverei der modernen Geldwirtschaft. Das Spinnrad wurde für Gandhi zum Symbol der Freiheit. Es erschloss den Armen eine zusätzliche Verdienstquelle, für Wohlhabende bedeutete es eine sinnvolle Betätigung in den Mußestunden. Für ihn selbst und einen Teil seiner Gefolgschaft wurde die Arbeit am Spinnrad zugleich »ein Mittel der Konzentration und inneren Sammlung«, dessen Wert er besonders hoch einschätzte. Wer das Garn lieferte, boykottierte zudem ausländische Waren und leistete damit nicht nur symbolisch, sondern aktiv Widerstand gegen die britische Kolonialherrschaft.

Gandhi hatte vier Söhne gezeugt, Bäume gepflanzt und ein Buch geschrieben. Nun lebte er enthaltsam und dozierte: »Die bewusst herbeigeführte Impotenz des Mannes ist ein für jeden erstrebenswertes Ziel.« Voll Inbrunst überwachte er die Keuschheit seiner Anhänger – doch nicht immer befriedigte ihn das Resultat. Zur Stärkung geschwisterlicher Gefühle zwischen den Geschlechtern regte er gemeinsames Nacktbaden an. Als es dabei zu intimen Berührungen kam, war er zutiefst enttäuscht.

Viele hielten ihn nicht nur für gut, sondern auch für unfehlbar. Als er nach 20 Jahren aus Afrika für immer in seine Heimat zurückkehrte, wurde er dort bald wie ein Heiliger verehrt. Bilder von ihm wurden wie Reliquien gehandelt.

Die Bereitschaft, für seine humanen Überzeugungen jederzeit ins Gefängnis zu gehen, beeindruckte selbst seine Feinde. Seine Jünger waren überzeugt, dass die asketische Lebensweise dem über 70-Jährigen seine übermenschliche Aura verliehe. Er hatte vor, durch einfache Ernährung, häufiges Fasten und den Verzicht auf die Freuden des Fleisches 125 Jahre alt zu werden. Wer ihn sah, glaubte ihm aufs Wort. »Dieser kleine Mann von geringer Körperkraft hatte etwas von Stahl in sich.« Die Kraft seiner Askese machte ihn zur charismatischen Führerfigur. Millionen blickten zu ihm auf. Doch da feuerte am 30. Januar 1948 ein fanatischer Hindu in Delhi drei Schüsse auf ihn ab. »Das Lächeln auf seinem Gesicht erlosch und seine Arme sanken herab.« So wurde der schmächtige Missionar mit 79 von drei Bleikugeln daran gehindert, 125 Jahre alt zu werden.

Nun ist es eins, die tiefen Einsichten der großen Weisen der Vergangenheit wie Laotse, Epiktet oder Spinoza zu lesen und mit Freunden darüber zu diskutieren, und etwas anderes, sie beherzt in die Tat umzusetzen. Außerdem kann man berechtigterweise einwenden, diese Lebensweisheiten seien uralt und hätten ihre Gültigkeit vor Jahrhunderten in anderen Kulturen und anderen Klimazonen gehabt. Das ist zum Teil richtig.

Wer wie Buddha oder Gandhi in Indien, der heilige Franziskus in Italien oder wie Jesus Christus in Palästina lebt, hat es, was die äußeren Dinge des Lebens betrifft, leichter. Im Klima des Mittelmeerraumes oder des indischen Subkontinents gedeihen Früchte in Überfülle. Sich bescheiden zu ernähren bedeutet dort kein Problem. Ebenso nebensächlich sind Fragen der Bekleidung oder Heizung.

Bescheidenheit statt Abhängigkeit
☞ *Beispiel 5*

Trotzdem lassen sich die Lehren der Weisen auch in nördlichen Breiten praktisch nutzen. Als Carl Zuckmayer 1939 mit seiner Frau und seinen beiden Töchtern vor den Nationalsozialisten in die USA flüchten musste, hatte er es durch seine weltweiten Verbindungen als Erfolgsautor leichter als viele andere Emigranten, in Amerika Fuß zu fassen. Eine berühmte amerikanische Freundin bürgte für Zuckmayer, sorgte für eine besondere Empfehlung von Präsident Roosevelt und machte ihn mit vielen wichtigen Leuten bekannt. Einer davon, ein Literaturagent, verschafft ihm das Entree in Hollywood.

Zuckmayer fühlt sich nach dem Unheil in Europa wie im siebten Himmel. Alles geht hier sagenhaft schnell und leicht. Ehe er es recht begreift, hat er einen Siebenjahresvertrag als Drehbuchautor mit einem Filmstudio über die damals üppige Summe von 750 Dollar pro Woche in der Tasche. Diese Summe erhöht sich von Jahr zu Jahr und jeder Drehbuchautor hat zudem drei Monate Urlaub im Jahr. Allerdings kann das Studio auch dem Mitarbeiter innerhalb einer Woche kündigen. Daher herrscht ein ständiges Klima der Angst.

In Hollywood trifft Zuckmayer alte Freunde wie die Regisseure Max Reinhardt oder Fritz Lang. Doch er fühlt sich in der Glitzerwelt des schönen Scheins nicht wohl. Bereits nach drei Wochen sagt er in einer Gesellschaft deutscher Emigranten im Hause Max Reinhardts: »Hier bleib ich nicht lange. Das ist kein Leben für mich.« Alles lacht: jeder hätte das gesagt. Doch alle säßen noch hier. Denn der Scheck halte einen fest. Wo sonst könne man in Amerika so leicht Geld verdienen und komfortabel leben? Als Zuckmayer die Arbeit an einem anspruchsvollen Drehbuch sofort zugunsten eines läppischen Stoffes aufgeben soll, ist es so weit. Empört berichtet er Fritz Lang von dem Schwachsinn und seiner Entscheidung, den Stoff abzulehnen. Fritz Lang redet Zuckmayer gut zu: »In Hollywood sagt man niemals nein. Ganz gleich, was verlangt wird. Ablehnen heißt Rausschmiss. Außerdem ist das Angebot super. Mit dem kostspieligen Kostümfilm hast du Jahre zu tun. Sei vernünftig. Sag auf keinen Fall nein, sonst bist du für Hollywood erledigt.«

Zuckmayer ist hin und her gerissen. Er fühlt sich wie im goldenen Käfig. Am nächsten Morgen lehnt er ab. Ein paar Tage später liegt seine Kündigung auf dem Tisch. Es ist für ihn die reinste Erlösung. »Ich kassierte meinen letzten Scheck und ging mich besaufen.« Seine Frau ist glücklich. Sie waren nach Amerika gekommen, um frei zu sein. »Wie wir uns das erkämpfen würden, wussten wir nicht.« Alles erscheint ihnen besser, als sich freiwillig einem »saturierten Absterben« hinzugeben.

Sie gehen nach New York. Dort bekommt Zuckmayer durch die Vermittlung von Erwin Piscator bei der »New School For Social Research« einen Lehrauftrag über das Thema »Humor im Drama«. Bei dem Job geht ihm schnell der Humor aus. Das kümmerliche Gehalt reicht hinten und vorne nicht. Fritz Kortner überredet Zuckmayer zu einem gemeinsamen Theaterstück für den Broadway. Es wird ein Reinfall. Wie soll es weitergehen?

Zweimal ist Zuckmayer mit seiner Familie auf dem Land im Neuengland-Staat Vermont gewesen. Hier fühlen sie sich wohl. Das waldreiche Hügelland erinnert sie ein bisschen an ihre verlorene Heimat im Salzburgischen, wo sie bis zu ihrer Vertreibung ein glückliches Landleben lebten. Zurück in New York City wächst der Wunsch, in den Wäldern Vermonts in der Stille der Natur neu zu beginnen. Die deutschen Freunde schütteln den Kopf. Doch die Amerikaner finden die Idee nicht abwegig. In ihnen steckt noch der Pioniergeist ihrer puritanischen Vorfahren. Leute, die ihr Schicksal selbst in die Hand nehmen, imponieren ihnen. Zuckmayer ist Feuer und Flamme: »Von Landwirtschaft verstand ich nichts, aber ich war gewiss, dass ich das leichter erlernen könne als irgendeine technische Arbeit in der Stadt.« Er ist 45 Jahre alt, gesund, kräftig, voller Begeisterung und hat eine Frau an seiner Seite, die bereit ist, das Abenteuer mit ihm zu teilen. Der Verleger Alfred Harcourt lässt sich von der Landbegeisterung anstecken und zahlt einen anständigen Vorschuss auf ein Buch.

Voll von unerschütterlichem Selbstvertrauen fahren die Zuckmayers nach Vermont und schauen sich alte Farmen an, die zum Verkauf stehen oder zu pachten sind. Die meisten sind zu teuer oder ungünstig gelegen. Das entmutigt sie nicht. Eines Tages entdeckt Zuckmayer die Backwoods-Farm, ein Anwesen aus dem Jahre 1783, mit eigener Quelle, Teich und 90 Hektar Wiese, Wald und Ackerland. Alles ist wie im Märchen. Der Besitzer, angetan von dem zupackenden Deutschen, ist bereit, die gesamte Farm für 50 Dollar im Monat zu vermieten. Zuckmayer hat gefunden, was er mit der Seele gesucht hat. Zuckmayer, seine Frau und die beiden Töchter beginnen ein Leben wie die alten Pionierfamilien und lernen alles, vom Holzfällen bis zum Scheunenbau. Mit der körperlichen Arbeit ist aller Frust wie weggeblasen. Sie beginnen mit einer Geflügelzucht und ziehen Enten, Gänse und Hühner zur Schlachtung groß. Später kommt eine Ziegenherde hinzu. Die Milch nimmt eine Klinik für Magenkranke. Als das alles funktioniert, halten sie auch Hausschweine. Wolfshunde bewachen das Anwesen vor Bären, Luchsen, Füchsen und Mardern. Sie produzieren fast alles, was sie brauchen, selbst. »Hätte ich meine Frau und die Töchter in Hühnerfedern und Ziegenhaar kleiden können, so wären wir autarke Selbstversorger gewesen.« Obwohl es im Winter bis 40 Grad minus wird, ist keiner der Familie jemals krank.

Alte deutsche Freunde, die aus Boston und New York zu Besuch kommen, bewundern die Aussteiger, die sich ihr kleines Paradies geschaffen haben. Und so seltsam es klingt: Sie haben bei dem kargen, harten Leben ihr Glück gefunden. Es erfüllt sie so, dass sie sich später in Europa wieder auf dem Land ansiedeln. Diesmal in der Schweiz in der Stille eines Dorfes auf 1600 m Höhe, »in den Bergen, wo die Freiheit wohnt«.

Zuckmayer hatte sich also durch diese klare Entscheidung einer ungeliebten Lebens- und Arbeitssituation entzogen, die ihm zwar ein gutes Einkommen gesichert, ihn aber auch zum Schreibsklaven und damit unglücklich gemacht hätte. Mit seiner klaren Entscheidung für ein bescheidenes Leben hat er verwirklicht, wovon andere träumen.

ZEIT IST GELD

Vor rund 800 Jahren ergriff die europäischen Menschen in den Städten eine innere Unruhe – sie wollten wissen, wie die Zeit vergeht. Die Kirchenglocken teilten zwar den Tag mit ihrem Läuten in Morgen, Mittag und Abend ein, aber das waren relative Zeitbemessungen. Niemand wusste genau, wie spät es wirklich war, denn niemand besaß eine Uhr.

1188 bekamen die Bürger von Tournai in Belgien vom König die Erlaubnis, »zu ihrem Vergnügen und im Hinblick auf die Angelegenheiten der Stadt« eine »weltliche« Glocke aufzuhängen, die jede Stunde anzeigte. Damit begann in Europa die Neuzeit. Die erste mechanische Uhr installierten die Bürger von Mailand 1309 – und bald hatte jede wichtige Stadt ihren genauen Chronometer. Damit kam Tempo (von lat. Tempus: die Zeit) in die zuvor gemächlichen Geschäfte der Städte. Während auf dem Land die »Uhren« weiterhin auf althergebrachte Weise – also sehr ungenau und langsam – gingen und der Lauf der Sonne und des Jahres den Lebensrhythmus bestimmten, wurde das Leben der Städter rastlos. Großkaufleute bauten Handelskonzerne auf, die Güter von Nord nach Süd, von

Ost nach West brachten. Bernstein von der Ostsee gelangte so nach Italien, Gewürze aus dem Orient wurden nach Schottland verschifft, Sklaven aus Afrika wurden nach Byzanz verkauft usw. Die Wikinger entwickelten ein Schiff, das am Tag bis zu 275 km zurücklegen konnte. Dank dieses Wunderwerkes der Technik verheerten sie halb Europa, wurden sie zu den größten Sklavenhändlern und entdeckten auf ihren rastlosen Handelsfahrten sogar Amerika. Ein Wikinger besuchte mit einem solchen Schiff innerhalb eines Jahres die damals vier bekannten Kontinente.

Etwa zur gleichen Zeit züchteten Mongolen aus Ostasien Pferde, die ihre Reiter bis 200 km pro Tag tragen konnten. Diese beiden »Zeitmaschinen« ließen die Entfernungen schrumpfen. Dschingis Khan (1162–1227) errichtete mittels dieser vierbeinigen, jeden Feind überrennenden Wunderwaffe innerhalb von 35 Regierungsjahren ein Reich von 6500 km Länge und 2500 km Breite, aus dem seine Nachfolger das größte Reich der Weltgeschichte schufen. Erst durch das schnelle Pferd und eine effiziente Verwaltung war ein solches Riesenreich überhaupt beherrschbar.

Erfindungen, die der kreative europäische Geist hervorbrachte, sorgten für immer weitere Zeitersparnis: bessere Straßen, schnellere Schiffe, genauere Uhren, das aufkommende europaweite Bankwesen, Reiseunternehmen-artig organisierte Pilgerreisen ins heilige Land und zu anderen Wallfahrtsorten, schnellere Nachrichtenübermittlung durch Brieftauben und Kuriere, und die raschere Vermittlung von Wissen und Information durch Gutenbergs Erfindung des Buchdrucks und vieles andere mehr bis hin zu E-Mail, Internet usw.

Mit der immer minutiöseren Verwaltung des Tagesablaufes wurden nicht nur Wirtschaft und Politik ständig effektiver, auch das soziale Leben wurde immer mehr durchorganisiert. Der Drang, im Staatswesen alles bis ins kleinste Detail zu ordnen, erreichte einen ersten Höhepunkt am Hof Ludwig XIV. von Frankreich, dem Sonnenkönig (1638–1715). Der Herrscher war vom Einheitswahn besessen: Alles in seinem Imperium sollte erhaben, großartig, effektvoll und zugleich einfach, geordnet, überschaubar sein. Sein Gartengestalter gab den Anlagen die Form mathematischer Figuren und beaufsichtigte ihr Wachstum mit Zirkel und Lineal. Auch das Militär wurde unter dem Kommando dieses Herrschers zum erstenmal exakt. Der Soldat ist nun kein einmaliges Individuum mehr, sondern eine Ziffer in grauer Norm, mit der der Feldherr beliebig operieren kann. Bisher durfte der Krieger seine Kleidung selbst wählen. Das ist jetzt vorbei, so wie es in den Alleen in Ludwigs Schloss Versailles auch keine einzelnen Bäume mehr gibt, sondern nur noch eine schnurgerade Reihe gleichförmig geschnittener Schablonenpflanzen der Gattung Baum. Seinen Ordnungstick setzte König Ludwig mit Hilfe von Bürokratie, Polizei und Militär durch. Ganz Frankreich überzog das Netz einer sorgfältig abgestuften Beamtenhierarchie. Die königlichen Steuereintreiber waren von gnadenloser Härte: die rastlos tätige Maschine Staat muss ständig mit Geld geschmiert werden. Der Herrscher selbst war das Herz dieses seltsamen Organismus und seine Tagesordnung dementsprechend genau organisiert: Jede Stunde hatte ihre bestimmte Beschäftigung. Im Grunde war der König eine große Puppe, die von befugten Personen angekleidet, umgekleidet, geputzt, gefüttert, spazieren gefahren und zu Bett gebracht wurde. Nur dem Taschentuchverwaltungschef war es gestattet, dem Herrscher ein Taschentuch zu reichen. Die Prüfung des königlichen Nachtstuhls lag in den Händen eines eigenen Spezialisten. Um dem dürstenden Herrscher ein Glas Wasser zu reichen, waren vier Fachleute zuständig. Außer seiner offiziellen Mätresse gab es eine Anzahl »Damen des königlichen Bettes«.

Durch Ludwig XIV. wurde Frankreich zum perfekt organisiertesten Land Europas und zum Vorbild aller anderen europäischen Könige, Provinzpotentaten und sogar reicher Bürger. Denn dem Sonnenkönig war gelungen, was bisher undenkbar und nur hinter Kloster- und Gefängnismauern möglich erschien: den Untertanen durch detaillierte Zeitvorgaben mit Arbeitszuteilungen rund um die Uhr wie ein Rädchen verfügbar zu machen.

Sechzig Jahre nach König Ludwigs Tod lieferte der Begründer der Nationalökonomie, der Schotte Adam Smith, in seinem Werk »Vom Wohlstand der Nationen«, das sofort nach Erscheinen zur Bibel der freien Marktwirtschaft wurde, die Grundlage zur Durchorganisation des modernen Wirtschaftsbetriebes. Es war letztlich die konsequente Fortführung und Übertragung von König Ludwigs Staatsorganisation auf die Fabrikation von Waren. Smith zeigte in seinem Werk auf, wie durch strengste Arbeitsteilung die Produktion gigantisch gesteigert werden kann. Sein Beweis: Ein Arbeiter kann am Tag 10 Stecknadeln erzeugen. In einer Fabrik können zehn Spezialisten, die sich einander zuarbeiten, in derselben Zeit 48 000 Stecknadeln herstellen.

Genau zur selben Zeit machte ein anderer Schotte, der Kanal- und Brückenbauingenieur James Watt, eine

Erfindung, die die gesamte Weltwirtschaft revolutionierte: die Dampfmaschine. Er kam auf den entscheidenden Gedanken an einem »schönen Sonntagnachmittag«, als er in Glasgow an einem alten Waschhaus vorbeikam. Hier sah er plötzlich ganz klar, »dass der Wasserdampf ein elastischer Stoff ist, der aus dem Zylinder in einen leeren Kessel schießen müsste, wenn man beide verbände. Der Zylinder würde dann nicht immer wieder abkühlen wie bei der üblichen Maschine und die gewonnene Energie wäre fünfmal so stark wie bisher.« Watt entwarf den Plan für seine Dampfmaschine – und stieß auf ungeahnte Hindernisse bei der Konstruktion. Die Schmiede, die seinen Plan umsetzen sollten, waren nicht in der Lage, die beweglichen Gelenke herzustellen. Auch das exakte Schleifen von Kolben und Zylinder war ein Problem: Große Mengen des Wasserdampfes verpufften einfach und konnten nicht genutzt werden, um den nötigen Druck zu erzeugen. Nach monatelanger Tüftelei war der Prototyp endlich fertig und James Watt finanziell am Ende. Als es ihm gelang, den kapitalkräftigen Fabrikbesitzer Boulton von den ungeahnten Möglichkeiten seiner Dampfmaschine zu überzeugen, stieg dieser mit in das Projekt ein. Boulton hatte sofort erkannt, dass man durch Watts Erfindung die langsame Handarbeit immer mehr durch Maschinenarbeit ersetzen und damit – das war das Revolutionäre an der Idee – Herstellungskosten radikal senken konnte. Kaum war der Prototyp perfekt, plante Boulton 1775 eine Jahresproduktion von über sechzig Dampfmaschinen, die besonders in Bergwerken arbeiten sollten, um die bisherigen manuellen Pumpen zu ersetzen, die das Wasser aus den tiefer gelegenen Bergwerksstollen absaugten. Watt und

Boulton wurden durch die Erfindung reich, die Bergwerksbesitzer konnten effektiver ihre Stollen absaugen und die Muskelkraft der Arbeiter nützlicher verwenden.

Wie genial die Maschine war, zeigte sich weitere 45 Jahre später, als die Amerikaner Robert Fulton und Robert L. Livingstone den 1850 Tonnen großen Segler *Savannah* mit einer Dampfmaschine ausrüsteten und von den USA aus in der Rekordzeit von nur 26 Tagen nach Liverpool segeln und »dampfen« ließen. Nun war es nur noch ein kurzer Schritt vom ersten dampfbetriebenen Omnibus auf Londons Straßen bis zur ersten Eisenbahnfahrt auf der Stockton-Darlington-Bahn in England am 27. Sept. 1828. Fünf Jahre später dampften die »Feuerrösser« auch durch die USA und bald auch in Deutschland.

Parallel dazu experimentierten findige Physiker wie Benjamin Franklin, Lichtenberg, Graf Volta oder Faraday an der Nutzbarmachung der Elektrizität.

Glühbirne, Elektromotor, Telegraph und Telefon wurden erfunden und machten die Arbeitsprozesse effizienter und das Leben leichter. Informationen konnten jetzt sekundenschnell übermittelt und dank der Glühbirne auch bei Dunkelheit im Lampenlicht gearbeitet werden. Damit wurde die Arbeitszeit problemlos verlängert. Clevere Unternehmer führten die Schichtarbeit ein und damit konnten erstmals die Maschinen Tag und Nacht bedient werden. Um 1850 verrichtete ein Berliner Fabrikarbeiter an sechs Wochentagen zwölf bis dreizehn Stunden schwere körperliche Arbeit. Urlaub gab es nicht. Der Sonntag diente dem Kirchgang. Die privilegierteren Angestellten in London mussten im Jahre 1854 von Montag bis Samstag täglich von 8 Uhr 30 bis 19 Uhr arbeiten.

Zur Illustration des Bürolebens hier einige Auszüge aus einer »Büroordnung für Angestellte« einer Bank:

»Zum Wohl der Angestellten hält die Firma einen Ofen bereit. Es wird empfohlen, dass jeder Angehörige in der kalten Jahreszeit pro Tag vier Pfund Kohle mitbringt.«

»Während der Geschäftsstunden sind private Gespräche nicht erlaubt.«

»Die Angestellten sind gehalten, sich selbst mit den nötigen Schreibfedern zu versorgen.«

»Die Geschäftsleitung erwartet zum Ausgleich für diese geradezu utopischen Arbeitsbedingungen eine erheblich gesteigerte Arbeitsleistung.«

Die Erfindungen von Schreibmaschine, Flugzeug und Auto beschleunigten das Leben noch mehr und Henry Fords Fließbandproduktion machte die Herstellung noch günstiger und schneller. Jeder Arbeiter in Fords Fabriken wurde zum Rädchen, das die Arbeit gewissenhaft wie in einem Uhrwerk ausführt. Ford meinte dazu: »Unsere Organisation ist so bis ins Einzelne durchgeführt und die verschiedenen Abteilungen greifen so ineinander ein, dass es völlig ausgeschlossen ist, den Leuten auch nur vorübergehend ihren Willen zu lassen … Persönliche Fühlungsnahme gibt es bei uns kaum – die Leute verrichten ihre Arbeit und gehen wieder nach Hause …« Bald wurde Fords erfolgreiches Fließbandkonzept von allen zukunftsorientierten Unternehmern der Industrienationen übernommen.

Durch die zeitsparenden Maschinen und Arbeitsabläufe konnte die Wirtschaft profitieren. Die Erfindungen ermöglichten bisher ungeahnte rasche Gewinne und damit kam unvorstellbarer Reichtum ins Land. Rohstoffe in bisher ungeahntem Maße konnten rasch und kostengünstig aus den fernsten Winkeln der Erde nach Europa oder in die USA gebracht, dort in den Fabriken schnell und effektiv verarbeitet und durch ein effektives Verkehrsnetz vertrieben werden. Zweitens wurde durch den Einsatz von Maschinenkraft die Muskelkraft von Mensch und Tier reduziert. Dort, wo die neuen Maschinen zum Einsatz kamen, wurden Pferde, Esel und Ochsen nicht mehr ganz so entsetzlich zu Tode geschunden wie bisher. Die aufsteigende Mittelschicht konnte entspannter leben und den Wohlstand genießen – bis auf die Ärmsten der Armen, denen die Maschinen das Brot raubten, wie z. B. den schlesischen Webern, oder jene, die als unterbezahlte Arbeiter nun dem atemlosen Takt der Maschinen in den Fabriken nachhetzen mussten.

Der 1. und 2. Weltkrieg beschleunigten die Industrieproduktion aller kriegsführenden Länder. Um das Waffenarsenal des Feindes zu übertreffen, wurden von den Kriegsministerien Wissenschaftlern und Ingenieuren enorme Summen für die Entwicklung neuer todbringender Maschinen und Tötungstechniken zur Verfügung gestellt. Unter dem Kommando der Militärs wurden das friedliche Flugzeug zum Kampfjet, das Automobil zum Panzer, Gas zum chemischen Kampfstoff, Nachrichtensysteme zu Vernichtungsmaschinerien und das Wissen um die Kernspaltung in der Hand von Wissenschaftlern und Generälen zum Horror, der die Welt bis heute in Angst und Schrecken versetzt.

In rasender Schnelle fanden mittels der neuen Massenvernichtungswaffen Millionen Soldaten und Zivilisten den Tod und über Jahrhunderte erarbeitete Sachwerte wurden in kürzester Zeit vernichtet. Die neuen, zeitsparenden Maschinen, in Zeiten des Friedens eigentlich ein Segen, wurden zum Fluch. Es wird veranschlagt, dass der 2. Weltkrieg rein wirtschaftlich derart viel Kapital verschlungen hat, dass jede Familie auf der Welt ein Auto und Haus davon hätte geschenkt bekommen können. Selbst wenn es nur die Familien Europas wären, wird einem klar, was Verbrecher wie Hitler oder Stalin der Menschheit angetan haben.

Der Indianerhäuptling Powhatan, dessen Stamm Anfang des 17. Jahrhunderts zunächst herzliche Beziehungen zu den englischen Siedlern bei Jamestown in Virginia unter Captain John Smith unterhalten hatte (die Indianer hatten die Engländer großzügig mit den dringend benötigten Lebensmitteln versorgt), sagte 1609, nachdem Smith immer unverschämtere Forderungen stellte und diese durch eine Schar Bewaffneter unterstützte:

»Ich habe zwei Generationen meines Volkes sterben sehen. Kein Mann dieser zwei Generationen lebt noch außer mir. Ich kenne den Unterschied zwischen Krieg und Frieden besser als jeder Mann meines Volkes … Warum willst du mit Gewalt nehmen, was du friedlich bekommen kannst, durch Liebe? Warum tötest du die, die dich mit Nahrung versorgen? Was kannst du durch Krieg gewinnen? … Warum beneidest du uns? Wir haben keine Waffen, und wir sind bereit, dir zu geben, was du willst, wenn du als Freund kommst, nicht mit Schwertern und Gewehren als Feind. Ich bin nicht so einfältig, dass ich nicht wüsste, dass es besser ist, gutes Fleisch zu essen, ruhig zu schlafen und friedlich mit meinen Frauen und Kindern zu leben. Es ist besser, mit den Engländern Kupfer und Beile zu tauschen und zu lachen und zu feiern, als davonzulaufen und in den Wäldern zu frieren, Wurzeln und Eicheln zu essen und gejagt zu werden … Nehmt eure Gewehre und Schwerter weg. Sie sind der Grund all unseres Miss-

trauens. Nehmt sie weg oder ihr alle werdet durch eure eigenen Waffen genauso elend sterben wie ich.«

Es sind Worte, die bis heute aktuell sind.

Nach dem 2. Weltkrieg erlebte die Weltwirtschaft durch den Wiederaufbau eine bis dahin unvorstellbare Dynamik. Mitteleuropa und die USA (und später auch Japan und danach die sogenannten Tigerstaaten) erfasste ein ökonomischer Boom und alle diese Länder wurden reich. Dieser Reichtum ermöglichte in den 60er bis 90er Jahren in den bisher sozial schwächeren Gesellschaftsschichten einen nur bei Wohlhabenden früherer Epochen gekannten Lebensstandard. Henry Fords Forderung, wonach »jeder Werktätige so viel verdienen soll, um ein Auto, ein Stück Land und ein Haus« zu besitzen, wurde für viele Westdeutsche Wirklichkeit. Nach dem Wiederaufbau sorgten neue Märkte bei den europäischen Nachbarn und später rund um den Globus für Nachfrage. Deutschland wurde Export-Weltmeister. Mit immer besserer Logistik, immer rationelleren Maschinen, immer intelligenteren Fabrikationsmethoden stieg die Produktion und sank zugleich die Arbeitszeit nach und nach auf 38 Wochenstunden und parallel dazu kletterte der Urlaub für Arbeiter und Angestellte auf 6 Wochen. Das von den Kommunisten auf der anderen Seite des Eisernen Vorhangs erträumte Arbeiterparadies wurde paradoxerweise in gewisser Weise im kapitalistischen Westen Wirklichkeit. Allerdings: Je weniger in den Büros und Fabriken gearbeitet wurde, umso mehr wuchs der Stress. Da dank der immer effizienteren Produktionsweisen in den Fabriken immer mehr Arbeitsplätze abgebaut wurden, wurden die Arbeitsuchenden im Dienstleistungs- und Verwaltungsbereich untergebracht. Die Bürokratie blähte sich auf. Für die vielen neuen Mitarbeiter in den Verwaltungen musste Arbeit erfunden werden. Ein hoher österreichischer Beamter sagte mir einmal, eines der Hauptübel läge darin, dass es zu viele Juristen gäbe. Vormals einfache Vorgänge würden nun durch immer kompliziertere juristische Finessen zu alles lähmenden bürokratischen Monsterabläufen. Die Verwaltungswege wurden immer länger, Entscheidungsvorgänge, die in den Jahren der prosperierenden Wirtschaft von zupackenden Managern rasch und kompetent erledigt wurden, gingen immer mehr in die Kompetenz von Entscheidungsrunden über. Mit dieser neuen Arbeitsmethode wird unendlich viel kostbare Zeit hochqualifizierter, hochbezahlter Mitarbeiter vergeudet. Ohne dass die Arbeit wirklich vorangeht, herrscht in den Verwaltungen der Betriebe permanent Stress. Hier bewahrheitet sich oft die holländische Volksweisheit, wonach »Leute, die niemals Zeit haben, am wenigsten tun«. Wenn, wie es Benjamin Franklin auf den Punkt bringt, »Zeit Geld ist«, dann arbeiten die meisten modernen Unternehmen auf der Verwaltungsebene weitgehend unprofessionell und vernichten Zeit und damit Firmenkapital.

Mit dem Beginn des elektronischen Zeitalters kam noch mehr Dynamik ins Berufs- und Privatleben. Geräte wie PC, Handy, Internet, E-Mail, die eigentlich Zeitsparer sind, wurden tatsächlich zu Zeitfressern. Denn inzwischen ist der Mensch kaum noch fähig, die rasche Informationsübermittlung zu bewältigen. Fast jeder, selbst Rentner im gemütlichen Ruhestand, fühlt sich überfordert. Resultat des permanenten Stresses sind seelische und körperliche Erschöpfung. Kaum jemand ist mehr mit seiner Arbeit zufrieden und in der Lage, sich an kleinen Dingen zu erfreuen. Kompensiert wird die seelische Leere, indem man sich »etwas leistet«. Das bedeutet, der vom Unglücklichsein befallene Berufsmensch des 21. Jahrhunderts kauft sich von seinem freudlos verdienten Geld ein kleines Stückchen Freiheit und jagt im Urlaub oder am Wochenende in Auto oder Flugzeug der verlorenen Zeit nach. Und weil diese Freiheit süß, aber für viel Geld erworben worden ist, ist die Sucht nach Geld umso größer, weil es Freiheit bedeutet. Dieser Tanz ums Goldene Kalb wird immer schneller, die zur Verfügung stehende Zeit immer knapper, der Frust immer größer, das Leben immer trostloser.

ZEIT – DAS KOSTBARE GUT

Dass die Lebenszeit, neben Freiheit und Gesundheit, das kostbarste Gut des Menschen ist, wird jedem schmerzlich bewusst, dem es dauernd an Zeit mangelt. So geht es fast jedem urbanen Menschen des elektronischen Zeitalters. Doch bereits in der Antike litten Bewohner von Metropolen wie Athen oder Rom an dieser seltsamen Krankheit. Der Staatsmann und Philosoph Lucius Annaeus Seneca (4–65 n. Chr.), dessen Philosophie auf der Grundlage der Stoiker auf die praktische Lebensweise gerichtet ist, fordert in seiner Schrift »Von der Kürze des Lebens«, mit dem kostbaren Gut Lebenszeit sorgsam umzugehen, »um sie nicht in der Kürze des jeweiligen Augenblicks zu verschleudern«. Er empfiehlt allen, die ihre Lebenszeit verlängern möchten, das Leben zu intensivieren und zu verdichten.

Da Senecas Überlegungen heute aktueller sind denn je, hier aus seinem Text einige Kernsätze:

»... *So wie reiche und königliche Schätze, wenn sie an einen schlechten Herrn geraten sind, im Augenblick vergeudet werden, aber dagegen bescheidenere, wenn sie an einen guten Verwalter übergeben sind, durch guten Gebrauch wachsen, so dehnt sich unsere Lebenszeit, teilt man sie gut ein, weithin aus ... Das Leben ist, wenn du es richtig zu nutzen verstehst, lang. Aber den einen hält seine unersättliche Habgier fest, den anderen in überflüssiger Arbeit mühevolle Geschäftigkeit. Ein anderer verschwendet sein Leben beim Wein. Dieser dämmert in grüblerischer Untätigkeit hin, jenen ermattet sein ewig von fremden Urteilen abhängiger Ehrgeiz, der jagt in Hoffnung auf Gewinne durch alle Meere und Länder ... der Nächste vergeudet seine Zeit mit Klage um das eigene schwere Los ... Es ist nur ein kleiner Teil des Lebens, in dem wir wirklich leben ... Der eine dient diesem, der andere jenem: sich selbst aber keiner ... Glaub mir, ein großer und hoch über den menschlichen Irrtümern stehender Mann lässt sich von seiner Zeit auch nicht das Mindeste nehmen, und deswegen ist sein Leben am längsten, weil es ihm selbst, wie lange es auch währte, ganz zur Verfügung stand ... Jeder treibt sein Leben vorwärts und plagt sich mit der Sehnsucht nach der Zukunft, mit dem Ekel an der Gegenwart. Doch der, der alle Zeit zum eigenen Gebrauch verwendet, der jeden Tag, als wäre er sein ganzes Leben, ordnet, wünscht weder den morgigen Tag noch fürchtet er ihn. Was könnte denn noch irgendeine Stunde an neuer Lust bringen? ... Kann es etwas Mühevolleres als das Leben jener Menschen geben, die dauernd mit der Vorsorge beschäftigt sind? Sie sind ständig in Eile, um einmal besser leben zu können, auf Kosten ihres gegenwärtigen Lebens* richten sie das zukünftige Leben ein ... Das größte Hindernis des Lebens ist die Erwartung, die vom Morgen abhängt, das Heute aber versäumt ... Alles, was noch kommen soll, liegt im Ungewissen: leb sofort ... Wie sollte nicht das Leben derer, die es fern von allen Geschäften verbringen, lang sein ... Allein von allen in Ruhe sind diejenigen, die ihre Zeit der Weisheit widmen, sie allein leben wirklich. Denn nicht nur ihr eigenes Leben nutzen sie gut: Jede (andere erfüllte) Zeit fügen sie ihrer eigenen hinzu. Alle vor ihnen verflossenen Jahre sind für sie hinzugewonnen ... Kein Zeitalter ist uns verwehrt, zu allen sind wir zugelassen ... Mit Sokrates steht es frei zu disputieren, mit Karneades zu zweifeln, mit Epikur Stille zu genießen, des Menschen Natur mit den Stoikern besiegen ... Das Leben von jenen ist das kürzeste und sorgenvollste, die die Vergangenheit vergessen, die Gegenwart außer Acht lassen und Angst vor der Zukunft haben ... Daher streben sie ständig nach Beschäftigung und alle dazwischenliegende Zeit ist ihnen lästig ...«

Diese Gedanken über den Wert der Zeit spinnt Ralph Waldo Emerson 1841 großartig weiter:

»Es wird uns oftmals fühlbar, dass es eine andere Jugend und ein anderes Alter gibt als jenes, welches nach unserer natürlichen Geburt gemessen wird. Einige Gedanken finden uns immer jung und erhalten uns jung. Solch ein Gedanke ist die Liebe zur allgemeinen und ewigen Schönheit. Ein jeder Mensch löst sich aus dieser Betrachtung mit dem Gefühl, dass sie eher den Zeitaltern angehört als dem sterblichen Leben. Die geringste Tätigkeit der intellektuellen Kräfte erlöst uns in einem gewissen Grade von den Bedingungen der Zeit. In der Krankheit, der Niedergeschlagenheit lasst uns nur eine Spur von Poesie oder einen tief wahren Spruch vernehmen, und wir sind erquickt;

oder hole einen Band von Platon oder Shakespeare hervor
oder erinnere uns an ihre Namen, und wir kommen au-
genblicklich zu einem Gefühl der Langzeitlichkeit.«

Die moderne Industriegesellschaft versklavt sich selbst durch Arbeit, die eigentlich die wunderbaren zeit- und muskelkraftsparenden Maschinen zum Großteil erleichtern könnten. Paradoxerweise wird der Stress mit der wachsenden Geschwindigkeit der Maschinen und Kommunikationsgeräte immer größer. Fuhr man vor zwanzig Jahren zu einem Termin in eine andere Stadt, ging die Reise, gemessen an der heutigen Hektik, gemütlich voran. Diese Reise dauerte länger – und trotzdem hatte man mehr Zeit für sich selbst. Heute ist es technisch kein Problem, von Berlin zu einer Konferenz nach Rom zu fliegen und danach an einem Abendessen in Paris teilzunehmen. Wer kommt da noch zu sich selbst? Ich kenne einen Manager, der musste für ein Zwei-Stunden-Gespräch mit seinem koreanischen Geschäftspartner nach Seoul. Die Flugzeit hin und zurück betrug 36 Stunden. Einschließlich Übernachtung war er zwei Tage unterwegs, um sofort danach wieder die liegen gebliebene Arbeit zu bewältigen. Kein Wunder, dass er ein Alkoholproblem und eine kaputte Ehe hat.

Ein anderer Manager hatte 1998 die Sanierung eines alten DDR-Betriebes übernommen. Von 6000 Mitarbeitern musste er 5700 Leute »abbauen«, um das Unternehmen zu retten. Dass er der bestgehasste Mann der Region war, ist klar. Die Woche über lebte er in einem kleinen Zimmer in einer ehemaligen Kaserne. Jeden Samstag flog er nach Süddeutschland zu seiner Frau und seinen sieben Kindern. Da er eine Dame aus dem Adel geheiratet hatte, war er verpflichtet, ein standesgemäßes, schlossartiges Anwesen für seine Familie zu erwerben. Ein Anwesen dieser Art ist meistens nur erschwinglich, wenn der neue Besitzer es aufwendig restauriert. Da seine Frau kaum Geld in die Ehe mitgebracht hat, ist der Manager bis über beide Ohren verschuldet. Nach dem Wochenende, an dem er sich um die Renovierung des »Schlosses«, seine Kinder und gesellschaftliche Verpflichtungen kümmern muss, fliegt er ermattet zurück in die Öde der Provinz, um das Unternehmen zu leiten und die Produkte zu verkaufen. In seinen Alpträumen sieht er die unverkauften Produkte hinter sich herrollen. Er leidet an allen möglichen Krankheiten und möchte aus dem Wahnsinn aussteigen. Aber wie? Zeit für sich selber gibt es nicht mehr. Wenn er abends ins Bett sinkt, denkt er an Unerledigtes und kann vor Angst wegen seiner wachsenden Schulden kaum schlafen.

Ein anderer Freund, dessen Architekturbüro ausgezeichnet läuft, hat durch eine falsche strategische Entscheidung, seinen üppigen Lebensstil und durch die Restaurierung eines prächtigen Anwesens einen Millionenbetrag an Schulden angehäuft. Obwohl er täglich bis zu 16 Stunden arbeitet und sein Büro das bestgehende des Landkreises ist, schafft er es unter höchster Anstrengung kaum, die Zinsen für das geliehene Kapital jährlich zurückzuzahlen. Die Schulden abzubauen, gelingt nur minimal. Er kommt sich vor wie ein Hamster im Laufrad. Sein Banker ermuntert ihn immer mit dem Trost, dass eigentlich alles in Ordnung sei und seine Schulden, wenn nichts dazwischenkäme, in zwanzig Jahren getilgt sein würden. Der Banker hat gut lachen: Er streicht jährlich 45 000 Euro Zinsen ein, ohne den Finger krumm zu machen. Der Architekt, früher ein fröhlicher, geselliger Mann, hat keine Zeit mehr, Freunde zu besuchen. Obwohl er äußerlich ein luxuriöses Leben führt, ist er seelisch arm und ausgebrannt.

Es ist, als ob Pascal sich mit seiner Weisheit direkt an die oben angeführten Zeitlosen gerichtet hätte:

»Die Gegenwart ist nie unser Ziel ... die Zukunft allein ist unser Ziel. So leben wir nie, sondern wir hoffen zu leben, und während wir uns immer in Bereitschaft halten, glücklich zu sein, ist es unvermeidlich, dass wir es nie sind.«

Das bedeutet, der schöne äußere Schein muss mit seelischer und körperlicher Gesundheit, Sorgen durch Schulden wegen angeberischem Lebensstil, glücklichem Familienleben und innerer Ruhe bezahlt werden. Nun ist das alles kein neues Phänomen.

Bescheidenheit statt Abhängigkeit
☞ *Beispiel 6*

Michel de Montaigne, der berühmte französische Philosoph, litt bereits vor 450 Jahren derart unter dem Stress und dem Frust seiner Ämter, dass er mit achtunddreißig verwirklichte, wovon heute viele Stressgeplagte träumen: Nach sechzehn Jahren hängte er die rote Robe eines Ratsherrn von Bordeaux an den Nagel, verkaufte sein Amt, erklärte seine Karriere für beendet und zog sich auf sein Landschloss zurück. Hier lebte er am Rand des Gartens in seinem Turm fern der Welt, »seit langem der Bürden des Parlaments und der öffentlichen Pflichten müde, in voller Lebenskraft im Schoß der gelehrten Musen, wo er in Ruhe und Sicherheit die Tage verbringen wird, die ihm zu leben bleiben«. So verkündet es die Inschrift an der Wand der Bibliothek seines Elfenbeinturms. Nietzsche, entzückt von dem

Lebensstil des Aussteigers, schreibt: »Dass ein solcher Mensch geschrieben hat, dadurch ist wahrlich die Lust, auf dieser Erde zu leben, vermehrt worden.«

Shakespeare, Voltaire, Diderot, John Lennon oder Astrid Lindgren waren ebenso begeistert von der Lebensphilosophie des Epikureers, der im letzten Zwecks des Daseins das Vergnügen erblickte: »Selbst bei der Tugend ist das Endziel, auf das wir es abgesehen haben, die Wollust. Dieser Wollust sollten wir den Namen des angenehmsten, süßesten und natürlichsten Genusses geben.«

Nun fällt die Entscheidung, nach Epikurs Maxime »Wirke im Verborgenen« zu leben, leichter, wenn einem der als Heringshändler reich gewordene Großvater nicht nur ein Schloss, sondern auch das nötige Kleingeld hinterlassen hat. Montaignes philosophische Selbsterkundung begann jedes Mal mit einer Idee, die er bei seinen großen Vorbildern ausborgte. Dieser fügte er ein, zwei weitere Entlehnungen hinzu, bis sein Hirn auf Touren kam und eigene Gedanken produzierte: »Wie meine Träume sich mir darbieten, häufe ich sie an, bald drängen sie sich in Menge heran, bald kommen sie langsam hintereinander hergetrödelt; ich nehme vom Zufall das erste beste Argument, sie sind mir alle gleich gut, und ich halte es nie für unwert, sie vollständig zu erschöpfen.«

Bei dieser sprunghaften Arbeitsmethode entstand natürlich kein klar komponiertes Werk der Lebensweisheit. Montaignes »Essais« sind ein Flickenteppich »vom Wind der Zufälle bewegt«, eine Collage »aus verschiedenen Lappen zusammengesetzt«, ein »Mischmasch, den ich hier zusammenschmiere« und der »ein wenig nach fremdem Gut riecht«.

73

Montaigne erzählt Anekdoten, bekennt seine Schwächen, verrät seine Begierden, amüsiert sich über Konventionen: »Wir haben die Damen gelehrt zu erröten, wenn sie das bloß nennen hören, was sie sich nicht scheuen zu tun.« Genau in dieser Unbekümmertheit liegt der Reiz der Gedankenspiele, mit denen Montaigne eine neue literarische Gattung begründet. 2700 Seiten lang macht er sich Gedanken über »Menschenfresser«, den »Müßiggang«, »Kutschen«, »Verse des Vergil«, das »Alter« oder »Wie wir über den selben Gegenstand weinen und lachen«. Währenddessen verwaltete Ehefrau Françoise Gutsbetrieb und Schloss, denn der Elfenbeintürmer konnte »kaum Kohl von Salat unterscheiden«. Nach neun Jahren gab Montaigne den ersten Teil seines Werkes dem Drucker: »Dies ist ein aufrichtiges Buch, Leser! Es warnt dich schon beim Eintritt …« Der 47-jährige »rüstige Greis« begab sich mit großem Gefolge abenteuerhungrig auf die »große Reise«. In Paris legte er seine Essays König Heinrich III. vor, nahm als alter Haudegen an der Belagerung von La Fère teil, wo sein Freund de Gramont von einer Kugel getötet wurde, und ritt dann von Bad zu Bad, wo er Linderung von seinen Nierensteinen suchte, über Süddeutschland und die Schweiz bis Rom, wo ihn Papst Gregor XIII. in Privataudienz empfing.

Als Montaigne in den berühmten Bädern von Lucca planschte, überreichte ihm ein Bote ein Schreiben. Die Ratsherren von Bordeaux hatten Montaigne zum Bürgermeister gewählt. Für jemand, der den Wahlspruch »Ich enthalte mich« erkoren hatte, eine höchst unerfreuliche Beförderung. Was sollte der Mann vom Wald im Dorngestrüpp der großen Welt? Er wand sich, verwies auf sein Nierenleiden und dachte mit Wehmut an seinen Elfenbeinturm. Da erreichte den Zaudernden der Befehl des Königs, den ungeliebten Job unverzüglich anzutreten. Widerwillig fügte sich Montaigne und musste sogar noch eine zweite Amtszeit dienen.

Nach dem Tod Heinrich III. wurde der protestantische Bourbone Heinrich von Navarra König. Der Hugenottenführer sagte: »Paris ist eine Messe wert« und wechselte zum Katholizismus. Seit Jahrzehnten tobten in Frankreich endlose Religionskriege zwischen Katholiken und Protestanten. Hexenverbrennungen, Hungersnöte und Pestepidemien vergrößerten das Elend. Mordend und sengend zogen Soldaten- und Räuberbanden durchs Land. Dass Montaignes Refugium das Chaos überstand, grenzt an ein Wunder. Heinrich von Navarra besuchte den Weisen wiederholt auf seinem Schloss und bat ihn um Rat. Später als König, bot er Montaigne ein Staatsamt an. Doch Montaigne lehnte ab, weil er nicht »Sklave eines anderen« sein wollte.

Den Tod fürchtete Montaigne als wahrer Philosoph nicht. »Wer ihn verleugnet, nimmt dem Leben die Würze«, meinte er und erzählte vom Brauch der alten Ägypter, auf dem Höhepunkt eines Festes ein Menschengerippe hereintragen zu lassen, um die Lebensfreude zu steigern. Lächelnd meinte er: »Trink und sei fröhlich, denn wenn du tot bist, siehst du so aus.«

Nun könnte man argumentieren, für Besitzende wie Montaigne aus dem Berufsstress auszusteigen sei leichter als für den Normalverdiener. Das klingt zunächst überzeugend. Doch stimmt das wirklich?

Epiktet sagt in seinem Handbüchlein der Moral:

»Es ist besser, ohne Furcht und Sorge zu hungern, als im Überfluss, aber ohne Ruhe der Seele zu leben.«

DIE INNERE LEERE

In vergangenen Epochen wollten die Menschen erlöst, errettet oder geläutert, befreit oder zivilisiert werden. Der Mensch der Jetztzeit will unterhalten werden.

Er fürchtet nicht um sein Seelenheil, oder verhungern oder sterben zu müssen, sondern er fürchtet sich vor der Langeweile. Obwohl er immer zu wenig Zeit hat, immer unter Druck steht, hat er panische Angst vor der Zeit, die ihm zur Verfügung steht. Denn es ist eine Zeit der Leere. Also ist er ständig auf der Jagd nach Zerstreuung. Diese schizophrene Situation breitet sich auf dem Globus aus wie eine Epidemie und führt zu einer Art Unterhaltungssucht. Man blättert oberflächlich durch Zeitungen, hört nebenher Radio oder hüpft von TV-Kanal zu TV-Kanal. Alles muss sensationell sein, sofort fesseln und immer neue Reize auslösen.

Da nur noch geschulte Menschen Bücher zu lesen verstehen, greift der Sekundär-Analphabetismus um sich. Sich zu unterhalten ist einfach, ein Buch zu lesen, eine Sprache oder ein Musikinstrument zu erlernen, ist schwer. Ebenso verhält es sich mit der Liebe zu Gärtnern oder Hobbytischlerei. Wahre Zufriedenheit entspringt dem ganzen Einsatz von Leib und Seele. Erwin Chargaff hat einmal den schönen Satz geprägt: »Information wird frei ins Haus geliefert, wertvolles Wissen ist das, was die Seele sucht.« So kann man fast alles heute mit Geld kaufen – außer den wirklichen Werten. Wenn mich die billige Soapopera oder Reality-TV irgendwann langweilt, schaue ich mir handwerklich besser gemachte Filme an. Doch irgendwann bin ich auch vom besten Menü übersättigt. Was dann? Um der Übersättigung zu entfliehen, stürzen sich die unterhal-

tungssüchtigen Massen auf Themenparks, Erlebniswelten, Schiparadiese. Doch je mehr Oberflächliches
konsumiert wird, umso mehr wächst die Sucht, denn
nie wird der Unterhaltungshungrige gesättigt. Denn er
ist Konsument, der nur verzehrt und nie etwas erschafft.
Die Sucht nach dem »Echten« nach »Authentizität«
wächst. Was aber ist authentisch? Alles was nicht von
cleveren Marketingleuten für den Profit geplant ist.
»Alles was nicht von den Konzernen kontrolliert wird«,
wie irgendwo Michael Crichton sagt. »Alles, was aus
sich selbst heraus existiert und seine eigene Gestalt an-
nimmt. Aber natürlich gibt es in der modernen Welt
nichts, was seine eigene Gestalt annehmen darf.« Die
Welt des 21. Jahrhunderts ist die korporative Entspre-
chung vom Garten des Sonnenkönigs Ludwig XIV.,
worin alles nur auf Wirkung hin konzipiert ist. Wo
alles künstlich ist und nichts die natürliche Lebensfreude des Bauerngartens spiegelt.

So wird alles zum Entertainment, sogar äußerst
Wichtiges wie Pressekonferenzen unserer Politiker, die
tägliche Nachrichtensendung im Fernsehen oder der
Schulalltag. Schüler, durch das Fernsehen zu Kultur-
und Informationskonsumenten herangezogen, ertra-
gen normalen Unterricht nicht mehr. Der Lehrer muss
zu einer Art Bildungs-Animator werden, um das Inte-
resse wach zu halten, und dieses neuartige Bildungs-
Entertainment setzt sich an der Universität fort, wo der
Professor nicht so sehr mit seiner Qualität als Wissenschaftler punktet, sondern mit seinem Unterhaltungs-
wert.

Der ständige Rummel erschöpft und lässt jeden nach
der Sinnhaftigkeit seiner Arbeit und unseres Lebens-
stils fragen. Der spanische Jesuitenpater Balthasar Gra-

cían forderte schon vor 350 Jahren jeden klugen Kopf in seinem »Handorakel und Kunst der Weltklugheit« auf, »nicht hastig zu leben«. Denn »die Sachen zu verteilen wissen, bedeutet, sie zu genießen verstehen. Viele sind mit ihrem Glück früher zu Ende als mit ihrem Leben. Sie verderben sich die Genüsse, ohne ihrer froh zu werden … Sie sind Postillione des Lebens, die zum allgemeinen rasenden Lauf der Zeit noch das ihnen eigene Überstürzen hinzufügen. Sie möchten an einem Tag verschlingen, was sie kaum im ganzen Leben verdauen könnten. Den Freuden des Lebens sind sie immer voraus, verzehren schon die kommenden Jahre, und da sie so eilig sind, werden sie schnell mit allem fertig … Man sei langsam im Genießen, rasch im Tun: Geschäfte sieht man gern, Genüsse ungern beendigt.« Über den inflationären Wahnsinn unserer Zeit würde er sicher nur den Kopf schütteln.

Wie aber lernt man wieder die Freude an seiner Arbeit, an seinen Mitmenschen und an der Kunst und überhaupt sein Leben zu genießen?

DIE FREUDE AN KLEINEN DINGEN

Bescheidenheit statt Abhängigkeit
☞ Beispiel 7

Einer, der dieses Problem mustergültig löste, war der Literat, Agronom und Gesellschaftskritiker Lodovico Alvise Cornaro. Wie sein späterer Geistesverwandter, der fröhliche Denker Karl Popper, fühlte Lodovico Alvise Cornaro sich als alter Herr »als der glücklichste Philosoph, der mir je begegnet ist«. Bevor es aber dazu kam, führte Cornaro als Mitglied einer der mächtigsten venezianischen Adelsfamilien ein so ausschweifendes Leben, dass er bereits als 40-Jähriger zitternd mit einem Bein im Grab stand. Nur mit Mühe gelang es den Ärzten, den durch ständige Orgien nahezu ruinierten Lebemann zu retten. Nachdem er um Haaresbreite dem Sensenmann entwischt war, beschloss Cornaro, sein Leben völlig umzukrempeln.

Mit eiserner Disziplin sorgte er für regelmäßigen Lebenswandel und unterwarf sich einer so strengen Diät, dass er seinen Gebrechen erfolgreich zu Leibe rückte. Nach zwei Jahren Askese erkannten seine Freunde den einstmals versoffenen Lüstling kaum wieder. Je älter und griesgrämiger sie selbst wurden, umso jünger sah Cornaro aus. Das verdankte er seinem einfachen Geheimnis: Er ging regelmäßig mit den Hühnern zu Bett und stand mit den Vögeln auf, machte täglich lange Spaziergänge, enthielt sich loser Weiber, nippte höchstens an Feiertagen am Wein, hielt mehrmals am Tag Zwiesprache mit seinem Herrgott, aß viel frisches Gemüse und keine fetten Speisen, verbannte düstere Gedanken und erfreute sich an der Schönheit der Natur. Er sang und lachte gerne, erfreute sich an schöner Literatur und Kunst und versuchte seine Empfindungen in erlesene Worte zu fassen. Als 80-Jähriger machte Cornaro sich über 60-jährige Tattergreise lustig, denn er selbst flitzte beschwingt die Treppen und Hügel seines Anwesens auf und ab und ritt schneidig wie ein junger Kavallerist zur Hasenjagd. Stets gut gelaunt, erfreute er sich an der Gestaltung seines schönen Anwesens, »welches in der besten Gegend Paduas liegt«. Im Frühling und im Herbst besuchte er seine Freunde in den umliegenden Städten und lernte durch sie neue außergewöhnliche Leute kennen: Architekten, Maler, Bildhauer, Musiker und Landökonomen. Mit kindlicher Freude lauschte Cornaro ihren Worten, ihrer Musik und betrachtete ihre neusten Werke, und auf der Rundreise entzückte ihn die Schönheit der Landschaft, der Landhäuser, Gärten und Stadtanlagen. »Und diese Genüsse werden mir nicht geschmälert durch Abnahme des Auges oder des Ohres: alle meine Sinne sind Gott sei Dank in vollkommen gutem Zustand, auch der Geschmack, indem mir jetzt das Wenige und Einfache, was ich zu mir nehme, besser schmeckt als einst die Leckerbissen, zur Zeit, da ich unordentlich lebte.« Zu dieser Glücksbereitschaft kommt ein gesunder Humor. Im hohen Alter verfasste Cornaro eine spitzbübische Komödie, die er mit seinen Freunden zum Vergnügen der Nachbarn aufführte.

Mit den älteren seiner 18 Enkel verband Cornaro eine herzliche Freundschaft. Ihnen erklärte er den Lauf der Gestirne und gemeinsam musizierten sie. »Ja, ich selbst singe auch und habe jetzt eine bessere, hellere, tönendere Stimme als je. Das sind die Freuden meines Alters. Mein Leben ist also ein lebendiges und kein totes, und ich möchte mein Alter nicht tauschen gegen die Jugend eines solchen, der den Leidenschaften verfallen ist.«

In seiner »Ermahnung«, die er seinem Lehrbuch »Vom maßvollen Leben« beifügte, freute er sich, dass sein »Traktat« so vielen Menschen den Weg zur Lebenskunst gewiesen hatte. Der fröhliche Philosoph schloss 1566 mit 83 Jahren seine glücklichen Augen für immer. In seinem berühmten Traktat, das nach und nach in alle europäischen Sprachen übersetzt wurde, schilderte der jugendliche 74-Jährige, wie er den Stein der Weisen des Glücklichseins entdeckt hat: Cornaro beherrschte ganz einfach die Kunst bescheiden zu leben, sich nicht zu verausgaben, sich die Sorgen fern zu halten und sich tagtäglich an kleinen Dingen zu erfreuen. Er sorgte also ständig für die Gesundheit seiner Seele. Epiktet bringt diese Art der Seelenhygiene in seiner unvergleichlichen Knappheit so auf den Punkt: »Wie du beim Gehen Acht gibst, dass du nicht in einen Nagel trittst oder dir den Fuß verstauchst, so gib auch Acht, dass du an deiner Seele keinen Schaden nimmst. Wenn du dies bei jedem Tun beachtest, wirst du ohne Gefahr dabeibleiben.«

Einer, der sich mit Genuss an den kleinen Dingen des Lebens freuen konnte, war der persische Dichter, Mathematiker und Astronom Omar Khayam (1048–1131).

Er dichtete großartige Vierzeiler, überarbeitete und verbesserte astronomische Tabellen, reformierte den muslimischen Kalender und machte sich verdient um die Weiterentwicklung der Algebra.

Bescheidenheit statt Abhängigkeit
☞ *Beispiel 8*

Omar Khayams Vater, dessen Berufsbezeichnung – Zeltmacher – der Dichter als Beinamen trägt und unter dem er 750 Jahre später weltberühmt wurde, ermöglichte dem Sohn einen beschaulichen Lebensstil. Religion hielt Omar für Mummenschanz und ständig plagten ihn Zweifel am Sinn des Lebens: »Warum ich in die Welt kam, weiß ich nicht. Ich kam so, wie der Regen niederrauscht, jedoch woher ich kam, das weiß ich nicht. Ich wehe durch die Welt, so wie der Wind mit wilden Wirbeln durch die Wüste weht – jedoch wohin ich wehe, weiß ich nicht.«

Durch die Welt trieb es Omar Khayam tatsächlich, wenn er auf seinen geistigen Höhenflügen den Kosmos durcheilte und Nacht für Nacht mit wachem Blick den Lauf der Gestirne beobachtete. Tagsüber vertiefte er sich in die Probleme der höheren Mathematik, denn er arbeitete an seinem Standardwerk über Algebra. Das auf Arabisch verfasste Buch wurde eine Sensation und begründete Omar Khayams Ruf, einer der besten Köpfe des Landes zu sein. Wissenschaftszirkel luden ihn zu Vorträgen ein. Omar Khayam lehnte ab, denn zum einen war ihm das Reisen zu anstrengend, zweitens gingen ihm Karrieregelehrte auf die Nerven, und außerdem glaubte er nicht an den Wert wissenschaftlicher Erkenntnisse: »In manchen Hörsaal bin ich eingetreten, voll Sehnsucht nach der Weisheit Lichtgefunkel. Was ich an klugen Sprüchen auch vernahm – tja, durch dieselbe Tür, durch die ich kam, bin ich hinausgeschritten in das alte Dunkel.«

Statt mit langweiligen Professoren saß Omar Khayam lieber mit Schach spielenden Freunden und hübschen Frauen in seinem Rosengarten und versuchte, jedem Tag ein Stückchen Glück abzugewinnen.

Da erreichte die Kunde seiner Fähigkeiten den Sultan Malik-Schah. Diesem waren die Kalender seines Riesenreiches zu unpräzise und daher erteilte er Omar Khayam den Auftrag, die Kalenderreform zu übernehmen. Nach vier Jahren akribischer Arbeit lag der neue Kalender vor. Nun stand Omar Khayam unter dem Schutz des Herrschers. Und das war gut. Denn längst war sein unkonventioneller Lebensstil den fundamentalistischen Mullahs ein Dorn im Auge. Die Frömmler gingen ihm wiederum so auf die Nerven, dass er Spott-verse gegen sie verfasste: »Auf leisen Sohlen, um den frommen Seelen kein Ärgernis zu geben, schleichen wir der Schenke zu. Den Turban, das Gebetbuch ver-kaufen wir für rosenfarbenen Wein. Führt uns der Weg an der Moschee entlang, nur leise, leise, und in weitem Bogen vorüber, damit des Mullahs öde Predigt nicht unser armes Ohr beleidigt.«

Die Gottesmänner rächten sich, indem sie Omar Khayam wegen Gottlosigkeit verdammten und ihm die fürchterlichsten Höllenstrafen prophezeiten, falls er nicht von den lockenden Leibern liebesfroher Mädchen und den Wonnen des Weins ließe. Das tangierte den Dichter nicht. Wann immer er Zeit fand, ergab er sich den Genüssen, denn für ihn war klar, dass neben Ge-sundheit und Freiheit das wichtigste Gut im Leben eines Menschen die Zeit ist, und die nutzte er, wann im-mer es möglich war: »Geliebte, komm – die Nacht sinkt schon herab, durch deine Schönheit, deinen Frohsinn verscheuch die Zweifel, die in meiner Seele dunkeln. Lass heiter uns den vollen Krug erheben und trinken – bevor die Welt aus unserm Staube lachend Weinkrüge für die Andern macht.« Die heitere Lebensart bekam dem Dichter gut und er wurde 83 Jahre alt.

Omar Khayams kleine Gedichte wurden 1858 erst-mals durch Edward Fitzgeralds englische Übersetzung im Westen bekannt und waren sofort ein Hit. Die Ge-lassenheit der Seele, die Freude an der Schönheit der Frauen, dem Duft des Weins, faszinierten die puritani-schen Engländer. Die Verse des alten Persers wurden, neben der Bibel, zu einem der meistgedruckten Bücher der Erde. Als die kostbare Original-Handschrift 1912 nach Amerika gebracht werden sollte, versank sie mit der *Titanic* in der Ewigkeit des Atlantiks. Der Dichter hätte sicher darüber gelächelt, denn ihm war klar, dass nichts auf dieser Erde Bestand hat.

Aber um das kleine Glück zu finden, muss man kein berühmter Dichter und Mathematiker sein. Mir erzählte einmal eine ältere Gärtnerin, die seit 53 Jahren liebevoll ihren Garten pflegte: »Ich weiß, was meine Pflanzen an Wasser, Sonne, Pflege und Zusprache brauchen. Das ist eine schöne Arbeit. Es heißt ja jetzt immer, Bäume und Pflanzen bräuchten angeblich wissenschaftliche Betreuung. Aber in Wirklichkeit brauchen sie etwas anderes.« Ihr wettergegerbtes Gesicht war braun und gesund, ihre braunen Augen strahlten von einer berührenden inneren Ruhe. Ich staunte, dass sie immer noch berufstätig war. Wahrscheinlich hätte sie schon vor Jahren in Rente gehen können. »Das Wichtigste sind Liebe und Zuneigung. Ich weiß, was jede kleine Blume und jeder mächtige Baum in meinem Garten brauchen. Wir halten Zwiesprache miteinander. Wir lieben und achten uns.«

DIE WEISHEIT DES TRÄUMENS

»Ein Bettler, der jede Nacht träumt, König zu sein, ist er nicht auch ein König?«, sagt sinngemäß Friedrich Nietzsche. Dass Träume beglücken können, hat jeder schon einmal erlebt. Wunderbar ist ein Gedicht der großen japanischen Dichterin Ono no Komachi (Mitte 9. Jahrh.), worin sie sagt: »Seit ich im Schlaf den Mann gesehen, den ich von Herzen liebe, seit dieser Zeit erst liebe ich der Träume bunte Falter.« Und ebenso eines der Koreanerin Myong'ok (um 1600):

»Glaub nicht, er komme ins Traumland, hör ich die Freundinnen sagen. Doch wenn ich brenne vor Sehnsucht, wo such ich ihn außer im Traum? O Liebster, lass es dem Traum nicht, komm öfter und halte mich wach!«

Oft ist der Traum schöner, als es die Wirklichkeit sein kann.

Die alten Griechen, Ägypter und Babylonier hielten im Gegensatz zu vielen späteren Gelehrten wie Aristoteles bis hin zu Sigmund Freud – abgesehen von den Mystikern – den Traum nicht für ein Produkt der träumenden Seele, sondern für eine göttliche Eingebung. Trotz aller modernen wissenschaftlichen Experimente und Anstrengungen ist es jedoch nicht gelungen, das Geheimnis des Traumes zu entschlüsseln. Freuds gewundene Erklärungsversuche in seiner »Traumdeutung«, wonach jeder Traum ein Wunschtraum sei und dem sexuellen Begehren entspränge, wirken manchmal geradezu infantil.

Eine sehr schöne Erklärung des Traumes fand ich einmal in einem alten Lexikon. Der Autor des Artikels meinte, dass im Zustand des Wachseins die Tätigkeit der Seele durch äußere Aktivitäten bestimmt würde und daher die Eindrücke auf die Sinne Denken und Fühlen beeinflussen. Im Schlaf dagegen sei der Verstand im Zustand der Ruhe und die Phantasie verarbeite die Seeleneindrücke ohne Kontrolle durch den Intellekt.

Das ist ein sehr schöner Gedanke, der zugleich den Wachtraum erklärt. Beim Wach- oder Tagtraum lässt man seiner Phantasie freien Spielraum. Auf diese Weise werden mit offenen Augen träumend herrliche Stimmungen, Visionen oder grandiose Ideen erzeugt. Trotzdem unterliegt der Wachtraum immer ein wenig der Überwachung durch den Willen. Die Phantasie nimmt den Stoff zu den Ideen aus dem Gedächtnis, indem sie ganze Bilderfolgen aus der Vergangenheit in Variationen wiederholt oder aus verschiedenen Erlebnissen zusammensetzt. Daher träumen Blindgeborene nie vom Sehen, Erblindete nur noch eine Zeit lang nach dem Erblinden von Sichtbarem, Taube nicht von Hörbarem.

Doch es gibt Träume, worin, für die moderne Wissenschaft gänzlich unerklärbar, nachweislich Probleme der Philosophie oder Kunst gelöst worden sind. Dabei verbindet sich die Kraft der Phantasie mit der Weisheit im Traum zu einem Gedankenflug, der während des Wachtraums nie stattfindet. Hier wirkt offenbar jene spirituelle, »vorwissenschaftliche« Inspiration, von der die antiken griechischen Philosophen berichten.

Der berühmte Wanapum-Schamane Smohalla, einer der bedeutendsten religiösen Führer der nordamerikanischen Indianer, Stifter und Wegbereiter des Träumerkultes am Ende der siebziger Jahre des 19. Jahrhunderts, wurde von E. H. Huggins besucht. Sein Bericht über die Begegnung enthält folgenden bemerkenswerten Dialog:

HUGGINS: *Das Land füllt sich mehr und mehr mit Weißen und ihren Herden. Fast alles Wild ist verschwunden. Würde es da nicht für eure jungen Männer besser sein, die Arbeit des weißen Mannes zu erlernen?*

SMOHALLA : *Meine jungen Männer werden niemals arbeiten. Menschen, die arbeiten, können nicht träumen, und Weisheit kommt aus Träumen.*

HUGGINS: Aber eure jungen Männer müssen zur Zeit des Fischfangs doch auch hart arbeiten, um Vorräte für den Winter zu sammeln.

SMOHALLA: Diese Arbeit dauert nur ein paar Wochen. Außerdem ist es eine natürliche Arbeit. Sie schadet ihnen nicht. Die Arbeit des weißen Mannes dagegen verhärtet Seele und Leib. Und es ist nicht recht, die Erde zu zerhacken, wie es der weiße Mann tut.

HUGGINS: Aber ihr grabt doch auch nach Wurzeln. Sogar jetzt graben deine Leute nach Camaswurzeln in den Bergen.

SMOHALLA: Wir nehmen nur die Gaben, die uns freiwillig geschenkt werden. Wir verletzen die Erde nicht mehr, als der Finger des Säuglings die Brust seiner Mutter verletzt. Der weiße Mann aber reißt riesige Flächen des Bodens auf, zieht tiefe Gräben, holzt Wälder ab und verändert das ganze Gesicht der Erde. Ihr wisst sehr gut, dass das nicht recht ist. Jeder aufrichtige Mann weiß in seinem Herzen, dass das gegen die Gesetze des Großen Geistes verstößt. Aber die Weißen sind so habgierig, dass sie sich darüber keine Gedanken machen.

HUGGINS: Du sagst, Weisheit kommt aus Träumen, und alle, die arbeiten, können nicht träumen. Aber der weiße Mann, der arbeitet, kennt viele Dinge und kann viele Dinge machen, die dem Indianer unbekannt sind.

SMOHALLA: Seine Weisheit kommt aus seinem Kopf und seinen eigenen Gedanken. Solche Weisheit ist armselig und schwach.

HUGGINS: Was ist die Weisheit, von der du sprichst und die aus Träumen kommt?

SMOHALLA: Jeder muss die wahre Weisheit selber erfahren. Sie kann nicht mit Worten gelehrt werden, sie kann nicht mit Worten erfasst werden.

HUGGINS: Dann kann sie nur in Träumen erfahren werden?

SMOHALLA : Vieles kann auch gelernt werden, indem man singt und tanzt mit dem Träumer während der Nacht. Du hast die Weisheit deines Volkes, weißer Mann. Sei damit zufrieden.

Nun darf man die Macht der Träume tatsächlich nicht unterschätzen. C. G. Jung sagt: »Der Traum gehorcht nicht nur nicht unserem Willen, sondern stellt sich sogar recht häufig in grellen Gegensatz zu den Absichten des Bewusstseins.« Über Jahrhunderte waren auch die Gläubigen der christlichen Kirchen überzeugt, dass es »somnia a Deo missa« gibt, von Gott gesandte Träume, die Geist und Seele erleuchten, und die auf keinen Fall auf äußeren Ursachen basieren. Denn nach alter kirchlicher Weisheit offenbart sich Gott überall, warum also nicht und besonders im Traum? Als Beleg dafür galt der berühmte Traum des Pharaos der Bibel von den sieben fetten und mageren Kühen, den der Hebräer Joseph klarsichtig deutet und so eine Hungersnot in Ägypten verhindert. Hier hat der Traum des Herrschers und die Erklärung seines Traumdeuters einem ganzen Land Glück gebracht.

»I have a dream«, war auch die magische Beschwörung des schwarzen Predigers Martin Luther King, mit der er den Kampf um die Gleichberechtigung der unterdrückten schwarzen Minderheit in den USA aufnahm – und in gewisser Weise zum Erfolg führte. Ohne diesen Traum wäre ein schwarzer Außenminister Colin Powell heute nicht vorstellbar. Träume haben also unbestreitbar Macht und großen Einfluss auf unser Denken und Handeln.

Mahatma Gandhis Traum von der gewaltlosen Befreiung Indiens wurde ebenfalls Wirklichkeit wie Carl Zuckmayers Traum von der Befreiung aus dem »goldenen Käfig« Hollywood. Diese Träume von Freiheit – auch der von Martin Luther King – wurden von einem Philosophen aus dem amerikanischen Bundesstaat Massachusetts inspiriert, dessen konsequentes Leben beispielhaft ist, und dessen Porträt daher hier als leuchtendes Beispiel eines Protagonisten der Philosophie der Bescheidenheit präsentiert wird.

Bescheidenheit statt Abhängigkeit
☞ *Beispiel 9*

Henry D. Thoreau, in gewisser Weise der erste Grüne, wurde am 12. 7. 1817 in Concord/Mass. geboren, wo er auch am 6. 5. 1862 starb. Eines Tages hatte Thoreau das Leben in der Zivilisation satt. Alles, was er bisher versucht hatte, befriedigte ihn nicht, obwohl seine Startbedingungen für den Lebenskampf als Harvard-Absolvent gar nicht so schlecht waren. Durch Vermittlung der Schwester bekam Thoreau einen Lehrerposten. Die Eltern atmeten auf, denn jetzt schien die Zukunft ihres Sorgenkindes gesichert. Doch Thoreau missbilligte die Prügelpädagogik seiner Kollegen. Als ihn eines Tages der Direktor des Gymnasiums rügte, weil er seine Schüler nicht »körperlich züchtigt«, loste der Menschenfreund vor den Augen seines Chefs ein halbes Dutzend Schüler aus, ließ sie vortreten, gab jedem einen symbolischen Klaps mit dem Lineal – und kündigte.
Auf der Suche nach dem Sinn des Lebens begann Thoreau am 22. Oktober 1837 ein Tagebuch mit den Wor-

ten: »Um allein zu sein, ist es notwendig, der Gegenwart zu entfliehen. Ich meide mich selbst … Ich suche eine Dachkammer auf.« Wenn er nicht in der Dachkammer grübelte, besuchte er seinen väterlichen Freund und großen Philosophen Ralph Waldo Emerson, für den Thoreau bald zur Verkörperung seines Ideals des »amerikanischen Gelehrten« werden sollte. Dergestalt seelisch aufgebaut, kam Thoreau auf die Idee, wie ein sinnvolles Leben aussehen könnte. Er gründete mit seinem älteren Bruder eine Privatschule, die sehr erfolgreich wurde. Drei Jahre später starb der Bruder und Thoreau fiel in tiefe Depressionen – die Schule wurde wieder geschlossen.

Emerson lud den Deprimierten ein, in seiner Villa zu wohnen. Hier mähte Thoreau den Rasen, putzte das Silberbesteck und vergrub sich in seine Gedankenwelt. Ein Angebot von esoterischen Freunden, mit ihnen eine Landkommune zu gründen, lehnte der Einzelgänger ab. Zugleich trat er aus der Kirche aus, mit der Begründung: »Ich will keiner Vereinigung angehören, der ich nicht aus freiem Entschluss beigetreten bin.«

Emerson vermittelte Thoreau eine Hauslehrerstelle nahe der Pressehochburg New York, in der Hoffnung, dass sein Schützling eine Stelle als Journalist finden würde. Doch Hektik und Elend der Metropole machten Thoreau depressiv: »Die Schweine auf der Straße sind hier noch der respektabelste Teil der Bevölkerung.« Frustriert kehrte er nach Hause zurück, arbeitete in der Bleistiftfabrik seines Vaters und half beim Neubau der Familienvilla, bis er sich wieder langweilte.

Plötzlich hatte Thoreau die Erleuchtung. »Ich möchte bald fort und am See leben, wo ich nur den Wind im Schilf flüstern höre. Es wird von Erfolg sein, wenn ich mein Selbst hier zurücklasse. Freunde fragen mich, was ich dort machen will. Ist es nicht Beschäftigung genug, den Lauf der Jahreszeiten zu verfolgen?« Emerson stellte ihm ein Grundstück zur Verfügung und der Aussteiger zog mit seiner Werkzeugkiste in den Wald, baute sich eine Hütte und führte ein Leben wie Franz von Assisi. Thoreau war glücklich »wie der erste Mensch im Paradies«. So wurde er zum Ökologie-Pionier und bedeutendsten amerikanischen Naturdichter, denn wunderbar ist seine Gabe, in die Charakterologie von Naturgeschöpfen einzudringen: »Daneben fließt burgunderartig ein Bach auf eisenrotem Sand im dunklen Moor, Moorwein.« Thoreau verfasste ein Buch über sein »Leben in den Wäldern«. Es wurde ein Misserfolg und so schrieb er seitdem nur noch für die Schublade.

Als Thoreau sich weigerte, ein paar Dollar Steuern zu zahlen, brach eines Tages die Zivilisation über den Aussteiger herein. Der Steuereinnehmer ließ ihn verhaften und einsperren. Thoreaus Weigerung war ein Protest gegen die US-Verfassung, die die Sklaverei billigt: »Sklaven sind keine US-Bürger, sondern dingliches Eigentum«. Zutiefst empört über die Ungerechtigkeit verfasste Thoreau den Essay »Über die Pflicht zum Ungehorsam gegen den Staat«. Das knapp 100 Seiten starke Büchlein erwies sich 60 Jahre später als reinstes Dynamit. Es inspirierte Mahatma Gandhi zu seinem gewaltlosen Freiheitskampf, die Kämpfer der französischen Résistance im Zweiten Weltkrieg, Martin Luther King und Millionen freiheitsliebende Menschen in aller Welt. Damit hatte Thoreau, wie F. L. Patte sagte, »für die Unabhängigkeit des amerikanischen Denkens mehr geleistet als jeder andere Schriftsteller«. Sein letz-

tes Werk war, nachdem er aktiv gegen die Sklaverei ge-
kämpft, entlaufenen Sklaven Fluchthilfe geleistet und
in theoretischen Schriften die Doppelmoral der US-Regierung angegriffen hatte, ein Essay über John Brown.
Thoreau hatte den radikalen Kämpfer gegen die Sklaverei 1857 kennen gelernt. Am 2. Dezember 1859 ließ
die US-Regierung John Brown hängen. Erschüttert
schrieb Thoreau »Die letzten Tage des John Brown«
und starb drei Tage später. Seine wichtigste Botschaft
heißt:

*»Darf der Bürger auch nur für einen Augenblick und im
geringsten Grad sein Gewissen dem Gesetzgeber überlas-
sen? Wozu hat denn jeder Mensch ein Gewissen?«*

Träume können also wahr werden, sofern der Traum
stark ist und der Träumer nicht schwach wird und seinen Traum verwirklicht. Nun gibt es dafür Tausende
und mehr Beispiele. Denn Glück kann einem in den
Schoß fallen, am Glücklichsein hingegen muss man arbeiten.

DAS ROBINSON-CRUSOE-PRINZIP

In Daniel Defoes berühmtem Roman von 1719 folgt der
Held Robinson Crusoe unbewusst genau dem Erfolgsrezept der Stoiker zum Glücklichsein: Mache dich unabhängig! Erwarte nichts von anderen und stell dich
auf deine eigenen Füße. Das bedeutet: Bau nur auf dem
auf, was in deiner eigenen Macht liegt! Und mach dir
um alles andere keine Sorgen, denn du kannst sowieso
nichts tun und keinen Einfluss darauf nehmen.

In Defoes Abenteuergeschichte strandet der junge
Seemann Robinson Crusoe allein auf einer einsamen

Insel und lebt dort 28 Jahre. Die übrige Schiffsbesat-
zung ist ertrunken. Vom Schiffswrack birgt er Werkzeug, Waffen, Munition und Kleidung. Er wohnt in einer Höhle, jagt wilde Ziegen und zähmt sie später,
pflanzt einen Obstgarten und züchtet sogar Getreide.
Um nicht geistig zu versumpfen, schreibt er regelmäßig Tagebuch, worin er seine Erlebnisse sorgfältig auf-
zeichnet, und führt ein glückliches Leben, weil er mit
dem zufrieden ist, was er hat. Als er seine berühmte Bi-
lanz zwischen dem Guten und dem Schlechten zieht,
das seine Situation prägt, kommt er zum Schluss, dass
»kein Zustand auf der Welt so elend ist, um darin nicht
auch etwas Gutes erkennen zu können«. Denn mit
Gottvertrauen und Tatkraft lassen sich auch ausweg-
los erscheinende Lagen meistern und Wohlergehen
kann nur durch harte Arbeit erlangt werden: »Mein
Lebtag hatte ich kein Handwerkszeug in der Hand gehabt, aber ich fand, dass man mit Arbeit und Fleiß, Geduld und einigem Scharfsinn erstaunlich viel fertig
bringt ... Es war unnütz, mich dabei aufzuhalten, her-
beizuwünschen, was nicht zu haben war; und dieser
Gedanke war es, der mich zur Arbeit antrieb.«

Robinson musste ums Überleben kämpfen. Was er
anfasste, musste zum Erfolg führen. Darum gab er immer sein Bestes, egal ob er niedergeschlagen oder voll
Zuversicht war. Davon hing seine gesamte Existenz ab.
Wenn es an manchen Tagen nicht 100%ig ging, so
schaffte er eben mit dem Einsatz aller Kräfte nur 75%
seiner Aufgabe. Trotz vieler Rückschläge aus Unkennt-
nis der Dinge lernte er aus seinen Fehlern und erreichte durch seine Beharrlichkeit nach und nach jedes
seiner gesetzten Ziele. Der Kampf ums nackte Überleben ließ bei ihm nicht einmal den Gedanken an Jam-

merei aufkommen. Denn jammern hilft nicht, sondern nur tatkräftiges Zupacken und lernen.

Ein chinesisches Sprichwort sagt: »Es gibt keine Sache, die man nicht im dritten Anlauf erreicht.« Und manchmal erst beim vierten oder fünften. Immer sein Bestes geben heißt, vollkommen konzentriert in der Gegenwart leben und unabgelenkt seine Aufgabe erledigen. Wer seine Arbeit lieben lernt, dem kommt die Freude zu Hilfe. Die meisten modernen Menschen gehen deprimiert zur Arbeit und sitzen gequält ihre Stunden ab und warten, dass die Zeit vergeht. Diese totgeschlagene Zeit ist für sie verlorene Lebenszeit. Das fühlen sie und deshalb sind sie unglücklich. Ständig haben sie Fluchtgedanken, und wann immer es möglich ist, flüchten sie in den Kurzurlaub, ins Shopping, in Wirtshäuser, in den Drogenrausch – und vergrößern dadurch ihr Elend.

Defoes Buch ist ein großartiges Lehrbuch für den modernen Menschen. Ganz recht: für den *modernen* Menschen. Denn die Erkenntnisse darin sind zeitlos.

Gibt es eine schlagendere Erkenntnis als:

»All unser Missvergnügen über das, was uns fehlt, scheint bloß aus dem Mangel an Dankbarkeit für das zu entspringen, was wir haben.«

Sind wir nicht jeder in unserem Leben zumindest einmal eine Art Robinson Crusoe? Jeder strandet irgendwann allein auf einem Eiland, fühlt sich von Freunden und Verwandten verlassen und muss wirtschaftlich, gesundheitlich, sozial, psychisch oder im wahrsten Sinne des Wortes ums Überleben kämpfen. Wie der Iraker Dschawad Amir-Schimari.

Bescheidenheit statt Abhängigkeit
☞ *Beispiel 10*

Dschawad wuchs bereits als Kind mit der Angst vor Saddam Husseins Regime auf. Als er zur Armee musste, starb gerade einer seiner Brüder im Krieg gegen den Iran den »Märtyrertod«. Dschawad versteckte sich ein paar Jahre hinter dem Funkgerät. Er wollte nicht den Heldentod sterben. Als gläubiger Schiit wollte er fünfmal am Tag um Frieden beten, mehr nicht. Das war ein sehr bescheidener Anspruch ans Leben – aber unter dem Diktator reichte eine friedfertige Lebenseinstellung bereits, um zum Tode verurteilt werden zu können. Das Terrorregime schlug wahllos zu. Saddams Schergen hatten 15 Freunde von Dschawad aufgehängt. Er wollte nicht der Sechszehnte sein.

Doch wohin sollte er fliehen? Der Irak war hermetisch abgeriegelt, überall lauerten Häscher. In einer Nacht zog Dschawad zwischen dem Zimmer seiner Mutter Asisa und der Küche eine Wand. So entstand ein geheimer Raum von 2 m Länge und 80 cm Breite, der durch ein 30 cm breites, 50 cm tiefes Einstiegsloch im Boden zu erreichen war. Auf dem Einstiegsloch lag ein aus Ziegeln gemauerter Deckel, darüber ein Pappkarton und obendrauf stand das Bett seiner Mutter.

Dschawad verschwand spurlos. Nur seine Mutter und sein Bruder wussten, wo er sich versteckt hielt. Die Mutter versorgte ihn mit Lebensmitteln. Der seltsame Einsiedler, der sich quasi lebend begraben hatte, bekam Licht durch einen Spalt in der Decke. In seinem Verlies gab es einen Brunnen, den er als Toilette benutzen konnte, denn das Wasser darin floss ab. Ein kleiner Ventilator sorgte in der Hitzeperiode für Kühlung, eine Decke im Winter für Wärme. Zwei Bücher sorgten für geistige Betätigung: der Koran und ein Werk über den Propheten Mohammed. »Es war nie langweilig«, sagte Dschawad. Er schlief sieben Stunden. Der Wecker läutete jeden Tag um 4.30. Er stand auf, setzte sich die Kopfhörer auf und schaltete sein Radio an. Niemand hörte jemals ein Geräusch von ihm außerhalb seines Kerkers. Er betete fünf Mal am Tag und machte Klimmzüge an einem Griff, den er an der Decke befestigt hatte. Er kochte Reis auf einem kleinen Elektrokocher, malte Porträts von seinen Freunden und meditierte über Allah. »Allah ist groß«, sagte Dschawad nach der Rückkehr ins soziale Leben. »Er lehrt uns Geduld. Ich hatte 21 Jahre lang Geduld.« Allerdings überkam ihn in der Einsamkeit manchmal die Angst. Er hatte so viel Angst, dass er seine Zelle nur manchmal für einige Minuten nachts verließ, um im Zimmer seiner Mutter ein paar Schritte zu gehen. Als er am 10. April 2003 im Radio hörte, dass in Bagdad Saddams Monumentalstandbild niedergerissen sei, beschloss er, seine Einsiedelei aufzugeben. Als er herauskam, traf ihn die Sonne wie ein Schlag. Seine Mutter musste ihm eine Sonnenbrille holen. Draußen im Innenhof der Familie standen ein rostiges Benzinfass, drei rostige Bettgestelle, auf denen die Familie im Sommer schlief. Es war alles genauso, wie er es vor 21 Jahren verlassen hatte. Nur Dschawad selbst war 49 Jahre und ein alter Mann geworden – aber: Er hatte überlebt!

Es gibt aber auch Menschen, die sich freiwillig vom Mainstream verabschieden, weil sie keinen Sinn mehr in der sinnlosen Raffgier, im Kampf nach mehr Erfolg, Geld, Anerkennung oder Macht sehen.

Bescheidenheit statt Abhängigkeit
☞ *Beispiel 11*

Ein Musterbeispiel dafür ist der legendäre Amerikaner Scott Nearing. Nearing entwickelte mit seiner Frau Helen ein Konzept, wie der bürgerliche moderne Mensch sich dem Druck des global umfassenden Monopol-Kapitalismus erfolgreich entziehen kann. In seiner lehrreichen, sehr empfehlenswerten Autobiographie »Ein Leben gegen den Strom«* schreibt er: »Die Entscheidung Harry Trumans, die Stadt Hiroshima auszuradieren, war das Ereignis, das mich endgültig aus meinen gefühls- und gewohnheitsmäßigen Bindungen an die westliche Zivilisation riss. Es geschah an meinem 62. Geburtstag, dem 6. August 1945. An diesem Tag schrieb ich an Präsident Truman: ›Ihre Regierung ist nicht länger die meine. Von diesem Tag an trennen sich unsere Wege. Sie werden Ihren selbstmörderischen Kurs weiter steuern, die Welt verfluchen und verderben. Ich dagegen widme mich der Aufgabe, bei der Gründung einer menschlichen Gesellschaft zu helfen, die auf Zusammenarbeit, sozialer Gerechtigkeit und menschlichem Wohlergehen beruht.‹ ... Ich empfand, dass der Gebrauch atomarer Waffen gegen Japan nicht nur ein Verbrechen gegen die Menschheit war, sondern ein Fehler, der dazu führen würde, die zerstörerischen Kräfte auf diesem Planeten ins Unermessliche zu steigern.«

Prophetische Worte.

Nearing kämpft als unbeugsamer Aufklärer, schreibt Artikel gegen den Wahnsinn, hält Vorträge, rüttelt

* Deutsche Ausgabe, Pala-Verlag, Schaafheim, 1983

seine Mitbürger im Rundfunk auf. »Ich habe mich ab-
gewendet von der amerikanischen Oligarchie, dem
amerikanischen Lebensstil, dem amerikanischen Jahrhundert, dem amerikanischen Imperialismus, der
westlichen Zivilisation.« Für Nearing ist die moderne
amerikanische Lebensweise hässlich, ausbeuterisch,
menschenverachtend.

Er (und viele andere aufrechte Amerikaner, die sich
standhaft weigern, sich dem Konsumwahn und der
Macht der Wirtschaft, der »unaufhörlichen Gehirn-
wäsche, die von der Oligarchie betrieben wird«, zu
beugen) beschließt, nachdem seine akademische Karriere wegen seines Kampfes gegen die Wirtschaftsoli-
garchie ruiniert worden ist, weiterhin als unabhängi-
ger Lehrer seinen Beitrag für die Kultivierung des
Planeten Erde zu leisten und so lange zu reden und zu
schreiben, solange es ihm gestattet ist. Doch nun
kommt die entscheidende Frage: Wie und wovon kann
er sein Engagement finanzieren?

»Viele meiner Freunde und Genossen der Linken,
die der Sache treu blieben, lebten als Lastkraftwagen-
fahrer, trugen Milch und Zeitungen aus, arbeiteten als
Kellner, Packer oder fuhren Taxi.« Nearing entschei-
det sich für das Landleben, denn er ist überzeugt, dass
man auf dem Land würdig leben kann, auch wenn man
materiell arm ist, »denn man kann wenigstens seine
eigene Nahrung anbauen«, anstatt sie im Supermarkt
von den letzten Cents kaufen oder gar aus den Müll-
tonnen klauben zu müssen. Zudem bietet das Landleben die Möglichkeit, intensiv mit der Natur zu leben,
Erde, Sonne, Wasser, den Wechsel der Jahreszeiten,
Vogelgesang zu genießen. Für einen solchen Lebensstil braucht man wenig Kapital, und die bei kluger

Haushaltung geringen Kosten ermöglichen sogar, noch etwas zu sparen.

Als Nearing die Entscheidung für einen Neuanfang jenseits der Städte trifft, ist er fast 50 Jahre alt. Er beginnt also in einem Alter, in dem Durchschnittsmenschen sich ausgelaugt nach der Rente sehnen. Mit seiner zweiten, zwanzig Jahre jüngeren Frau, der Violinisten Helen Knothe, zieht er 1932 in den Neuengland-Staat Vermont. Aus ähnlichen Überlegungen wie ein paar Jahre später Carl Zuckmayer. Sie kaufen eine kleine, herabgewirtschaftete Farm auf 600 m Seehöhe. Sie bezahlen 300 $ bar und nehmen eine Hypothek von 800 $ auf. Das sind überschaubare Schulden. Mit Hilfe von drei Nachbarbauern und einem Zimmermann aus der Umgebung reparieren sie nach und nach Wohnhaus und Scheune und bauen später ein solides Steinhaus hinzu. In langsamer, aber stetiger Arbeit entsteht so ein schmuckes Anwesen, das ganz eigenen Zauber besitzt. Doch wovon sollen sie leben? Es ist genau die Frage, die Carl Zuckmayer ebenso bewegt wie später Tausende von Aussteigern. Zunächst wollen sie mit Forstwirtschaft ihr Geld verdienen, doch dann sehen sie die Nachbarn bei der Produktion von Ahornsirup und sind sofort überzeugt, davon leben zu können. Nach ein paar Jahren sind sie Spezialisten. Ihre Erfahrungen beschreiben sie im Handbuch »Das Buch vom Ahornsirup«.

Ihre Produktion garantiert ihnen eine zuverlässige Einnahmequelle. Sie wollen mit ihrer Arbeit kein Geld scheffeln – »das ist ein Spiel, das kein Limit kennt« –, sondern stellen sich die Frage, wie viel Mindesteinkommen ihnen das Leben für zwölf Monate garantiert. Wohnen, Wasser und Heizung sind nahezu umsonst, denn ihr Brennholz holen sie sich aus dem Wald. Der Garten liefert frisches Obst und Gemüse. Die Selbstversorger tauschen einen Teil ihrer Ernte gegen die Produkte anderer Erzeuger von Früchten, Nüssen, Ölen, Bekleidung. Sie kaufen immer nur bar und vermeiden jeden Bankkredit. Wenn das Bargeld einmal knapp ist, verzichten sie auf Einkäufe, die Geld erfordern. Dadurch geraten sie nicht in Abhängigkeit der Banken und vermeiden so den nervenaufreibenden Druck der »Zins-Sklaverei«, die fast allen Erst-Erzeugern das Leben zur Hölle macht.

Ihre Wirtschaftsform basiert auf dem Tauschhandel. Damit ist ihr Einkommen auch nicht steuerpflichtig. Wenn sie genug verdient haben, stoppen sie die Produktion bis zum nächsten Haushaltsjahr. So gewinnen sie Zeit für ihre sozialen Kontakte und künstlerischen und intellektuellen Tätigkeiten. Nearing schreibt im Laufe seines fast 100-jährigen Lebens mehr als fünfzig Bücher vom Ökonomie-Lehrbuch beim renommierten MacMillan-Verlag in New York bis zu kämpferischen Broschüren für den Verlag der Kommunistischen Partei sowie Werke, die er im Eigenverlag herausbringt und die zum Teil Bestseller werden. In ihrer Umgebung beleben sie die traditionelle Nachbarschaftshilfe.

Diese Stelle kommentierte mein Freund Johannes Heimrath bei der kritischen Durchsicht des Textes so köstlich, dass ich seinen Stoßseufzer festhalten möchte. Heimrath: »Schon wieder derartige Workaholics! Man meint, Bescheidenheit und Muße seien verfeindet … Ich kenne das ja auch nur zu gut: Ich bin im Kern meines Wesens Spaziergänger und lebe am liebsten in einer Umgebung, der es gut geht, so dass sie gut auf mich ausstrahlt. Aber da es diese Umgebung nicht gibt, muss ich sie mir selbst schaffen – und das bedeutet unendliche Arbeit, und so komme ich erst mit 100 zum Spaziergang und muss 120 werden, damit ich noch 20 Jahre lang etwas davon habe.«

Weiter zu den Nearings:

Arbeitsgeräte, Produkte und die tätige Mitarbeit werden jedem, der sie braucht, stets offen angeboten. Mit ihrem bewährten Lebenskonzept befreien sie sich erfolgreich von den »vier schlimmsten Übeln eines konkurrierenden, industrialisierten Sozialsystems«:

1. *von der Gier nach Dingen (einschließlich Geld und Waren) und der Macht, ihre Mitmenschen herumzustoßen.*

2. *von Stress, Hektik und Lärm, die mit dem Zwang verbunden sind, Konkurrenten zuvorzukommen.*

3. *von Angst, Furcht und Verzweiflung, den unvermeidlichen Begleiterscheinungen beim Kampf um Erfolg, Wohlstand und Macht.*

4. *von der zeitraubenden Kompliziertheit und deprimierenden Verwirrung, denen man im Gewirr der Menschenmassen in den Städten auf engstem Raum ausgesetzt ist.*

Ihre auf die Wintermonate verlegten Vortrags- und Studienreisen durch die USA, nach Europa, Asien und Lateinamerika finanzieren sie aus den Vortragshonoraren und dem Direktverkauf ihrer Bücher und Broschüren an die Veranstaltungsteilnehmer. Wenn es geht, wohnen sie bei Freunden oder dem Veranstalter. Nearings Faustregel für die einfachste und billigste Reiseform ist:

1. *nur so viel Gepäck mitzunehmen, wie sich tragen lässt,*
2. *stets die billigsten Verkehrmittel zu benutzen,*
3. *auf angeberische Lebensweise zu verzichten und nur kostengünstige Läden und Unterkünfte aufzusuchen,*
4. *niemals im Restaurant zu essen, so wenig Gekochtes wie möglich zu essen, sondern sich von Früchten, Obst, Gemüse und Nüssen zu ernähren,*
5. *auf Alkohol, Tabak, industriell gefertigte Getränke, Tee und Kaffee zu verzichten,*
6. *so viel wie möglich unterwegs zu Fuß gehen.*

Helen und Scott Nearing führen ein ausgeglichenes soziales Leben mit Freunden und Nachbarn und betätigen ausreichend Körper und Geist bei der Arbeit in Garten, Haus, Hof und Wald und auf ihre Texte konzentriert am Schreibtisch. So haben sie viel körperliche Bewegung an der frischen Luft, geistige in der Konzentration während des Schreibens und seelische im Gespräch mit Gleichgesinnten. Bei dieser Lebensform verfallen sie nicht ins Grübeln, sind fit und zufrieden, wenn sie abends ins Bett sinken. Sie sind sich sicher: »Wir behaupten, dass ein Paar zwischen 20 und 50, das mit einem Minimum an Gesundheit, Kapital und Intelligenz ausgerüstet ist, es schaffen kann, ein glücklich-bescheidenes Leben zu führen.«

Nach 19 Jahren Vermont beweisen die beiden, dass sogar ein Paar mit 70 bzw. 50 es ebenfalls schaffen kann. In ihrer Idylle werden ihnen die Besucher zu viel, die kommen, als die Landschaft rund um ihre Farm zu einem schicken Skigebiet »entwickelt« wird. Sie packen ihre Sachen, verkaufen die Farm an ein junges Paar und fangen 500 km weiter nordöstlich in Maine noch einmal von vorne an, indem sie die neue »Forest

Farm« aufbauen. Diesmal nicht in den Bergen, sondern an der Küste. Statt Ahornsirup werden hier Blaubeeren die Grundlage ihrer Ökonomie. Wie bisher arbeiten sie gesund und munter bis ins hohe Alter in ihrem Garten und an ihren Büchern. Kurz vor seinem 100sten Geburtstag 1983 fühlt sich Scott plötzlich lebenssatt und bereitet sich auf den Tod vor, indem er konsequent fastet. Sechs Wochen später verabschiedet er sich von Helen und dämmert in eine andere Welt hinüber. Helen unternimmt noch einige Reisen nach Europa, schreibt noch zwei Bücher, darunter die Biographie ihres gemeinsamen Lebens mit Scott, und stirbt am 17. Sept. 1995 im Alter von 91 Jahren bei einem Autounfall.

Nun könnte man argumentieren, Leute wie die Zuckmayers oder die Nearings seien extreme Außenseiter. Tatsächlich sind sie im bürgerlichen Sinne sicher nicht angepasst. Sie wehren sich gegen die Vereinnahmung des bürokratisch-ökonomischen Systems. Indem sie bescheiden leben, vermindern sie die Zwänge, die durch immer engere Abhängigkeitsverhältnisse immer bedrückender werden. Denn das Leben in den Städten ist teuer. Ständig muss unter krankmachenden Bedingungen Geld herangeschafft werden für Miete, Essen, Kleidung etc. Eine gewisse Freiheit bietet auch heute noch oder bereits wieder das Land, denn je mehr es die Menschen in die Großstädte zieht, umso größer ist die Chance, günstige Wohn- und Lebensmöglichkeiten in Landfluchtgebieten zu finden. Und ein Stück Gartenland oder eine Weidefläche für Tierzucht ist allemal erschwinglich.

Auf dem Land herrschen, im Vergleich zu den Städten mit ihrer ständigen Hektik und Reizüberflutung, Ruhe und Beschaulichkeit. Deshalb haben ja auch so viele gestresste arrivierte Städter ihr Häuschen im Grünen. Dort tanken sie Energie für den Lebenskampf. Die meisten sind jedoch Wochenendgäste. Denn sie halten das stressfreie Leben eigentlich nur ein paar Tage aus. Es fehlt ihnen der Reiz, die permanente Anspannung, das Gebrauchtwerden. Sie sind in sich so leer, dass sie ständig von außen Bestätigung für ihr Selbstwertgefühl brauchen.

Doch davon im dritten Teil mehr.

SPARSAMKEIT – EINE EINFACHE
METHODE DER BEFREIUNG

Dr. Johnson, der berühmte englische Philologe, der in seiner Jugend bitterarm war, behauptet, die beste Quelle des Wohlstandes und der Zufriedenheit sei in der Sparsamkeit zu suchen. Sparsamkeit ist für ihn die Tochter der Klugheit, die Schwester der Mäßigkeit und die Mutter der Freiheit. Bertolt Brecht ergänzt diesen Gedanken sehr pragmatisch, indem er sagt:

»Der Denkende benutzt kein Licht zu viel, keine Tinte zu viel und keinen Gedanken zu viel. Denn das Geld ist ja ein magischer, unheimlicher Stoff. Es ist etwas Lebendiges, das unter Einsatz von Mühe, Leben und Gesundheit erworben wird, bewacht werden muss, damit es nicht gestohlen wird, sich manchmal rätselhaft von selbst vermehrt oder binnen kurzem verschwindet, ohne dass man so recht weiß, warum es nicht mehr da ist. Es beherrscht den Menschen und macht sich die gesamte Welt untertan.«

Wo Geld vorangeht, stehen alle Türen offen, sagt Shakespeare, und Nietzsche hält es für das Brecheisen der Macht. Egal mit wie viel Mühe es erworben wurde, die meisten Menschen geben es ganz locker und unbekümmert für Nichtigkeiten aus. Mir erzählte einmal der Chef sämtlicher Bertelsmann-Druckbetriebe, dass in den Geschäftsleitungen oft stundenlang über den Preis von ein paar Pflanzen für den Eingangsbereich debattiert werde, nie aber über den Preis neuer Druckmaschinen. Wo es in die Millionen geht, können sich sogar erfahrendste Manager keine Vorstellung mehr von den Riesensummen machen. Sogar dort, wo sich Hunderttausende einsparen ließen, versagt die Vernunft und Gott Mammon diktiert.

Sparsamkeit, das Gegenteil von Prasserei und Verschwendung, beginnt im Kleinen. Wer unbekümmert jeden Tag im Restaurant isst, teure Autos fährt usw., hat schnell seine liebe Not, mit dem Geld zurechtzukommen. Selbst der millionenschwere Elton John steckt ständig in der Klemme, weil er bei seinem üppigen Lebensstil völlig den Überblick verloren hat. Er ist, wie so viele andere, der Getriebene der Banken. Jesus sagt einmal die Bankerweisheit: »Wer hat, dem wird gegeben, und wer nicht hat, dem wird genommen.« Tatsächlich wird derjenige, dessen Kredit immer größer wird, bald von den Schuldzinsen erdrückt. Kurzum: Wer in die Schuldenfalle gerät, ist ein armer Teufel, der seine Freiheit verloren hat. Da Sparsamkeit Freiheit bedeutet, verwundert es immer wieder, warum viele sehenden Auges in ihr Unglück rennen. Was bringt sie dazu, so unklug zu handeln? Die Habgier nach Luxus und die Großmannssucht, in den Augen seiner Nächsten und sogar Wildfremder mehr erscheinen zu wollen, als man ist. Wo kommt dieser seltsame Drang zur Eitelkeit her, von dem ganze Industriezweige leben? Inzwischen sind bereits Kinder im Volksschulalter von dieser Krankheit angesteckt.

Für den Philosophen Diogenes ist der wahrhaft freie Mensch von allem unabhängig: von der Meinung anderer ebenso wie von der Angst vor dem Tode. Wer sich nicht davon losmachen kann, sollte so klug sein, sich bei der Zurschaustellung seiner selbst oder seines Besitzes wenigstens nicht zu ruinieren. Wie viele führen ein wahrhaft unglückliches, sorgenvolles, gequältes Dasein, weil sie sich nicht disziplinieren. Dabei ist die Methode der Sparsamkeit, dem ersten Schritt zur Freiheit, sehr einfach.

Die erste Regel ist: *Gib weniger aus, als du einnimmst. Wer Kredite aufnimmt, ist auf Jahre verschuldet und steht unter Druck.*

Die zweite Regel lautet: *Bezahle stets bar, dann verlierst du nicht den Überblick über deine Ausgaben. Denn plötzlich ist das Konto so hoffnungslos überzogen, dass man nicht nur Zinsen bluten muss, sondern in Gefahr gerät, plötzlich ohne Geld dazustehen, wenn die Bank die Scheckkarte sperrt.*

Der große englische Philosoph Francis Bacon meinte, ein kluger Kopf gäbe nie mehr als die Hälfte seines Einkommens aus und würde den Rest sparen. Denn – und das ist ein weiterer Pluspunkt der Sparsamkeit – wenn plötzlich als sicher geltende Einnahmen ausbleiben, gerät man in echte Gefahr. Geld, dieser magische Stoff, ist so unbeständig wie das Wetter. Manche Familie hat ihr Haus verloren, weil ein Ehepartner über Nacht arbeitslos wurde und dadurch die Raten nicht mehr bezahlt werden konnten. Der Kaufmann John Donough aus New Orleans ließ 1843 sein Erfolgsrezept für ein vernünftiges Leben auf seinen Grabstein meißeln:

1. *Bedenke stets, dass die Arbeit für uns eine Lebensbedingung ist.*
2. *Die Zeit ist Gold. Darum vergeude keine Minute, sondern wende jeden Augenblick nützlich an.*
3. *Behandle alle Menschen so, wie du selbst behandelt werden möchtest.*
4. *Verschiebe nie auf morgen, was du heute tun kannst.*
5. *Trage nie einem anderen etwas auf, was du selbst auszuführen vermagst.*
6. *Missgönne niemand sein Eigentum.*
7. *Halte auch den kleinsten Umstand der Beachtung wert.*
8. *Gib nicht aus, was du nicht einnimmst.*
9. *Verzehre nicht deine Güter, sondern vermehre sie.*
10. *Lass in allen Angelegenheiten deines Lebens die größte Ordnung herrschen.*
11. *Bemühe dich, im Laufe deines Lebens so viel Gutes wie möglich zu stiften.*
12. *Versage dir nichts, was zu deinem Behagen notwendig ist. Aber lebe in ehrenhafter Einfachheit und Mäßigkeit.*
13. *Arbeite bis zum letzten Augenblick deines Lebens.*

Arbeite bis zum letzten Augenblick deines Lebens ist ein sehr kluger Rat angesichts der deprimierten Rentner, die ich kenne. Leute, die jahrelang wichtige Funktionen erfüllten und in ihrem Beruf aufgingen, werden plötzlich gezwungen, sich aus dem Berufsleben zu verabschieden, obwohl niemand wie sie Erfahrung besitzt und ihren Bereich bis ins kleinste Detail kennt. Beeindruckend ist, wie mein amerikanischer Freund Fred Stewart mit der neuen Lebenssituation fertig wurde. Als er mit sechzig seine leitende Funktion in der Stahlmöbelindustrie aufgeben musste, überlegte er, wohin er aus New York ziehen und was er Neues anpacken sollte. Gemeinsam mit einem Designer hatte er in den 50er Jahren den ersten Stahlstuhl entwickelt, den man platzsparend aufeinander stapeln konnte. Als ich ihn fragte, ob er Erfolg damit gehabt hätte, sagte er: »Ja, ein wenig.« – »Wie viel habt ihr denn verkauft?« – »Über 50 Millionen Stück«, war Freds Antwort. (Die älteren Leser werden sich daran erinnern: vier dünne Beine aus verchromtem Rohr, Sitz und Lehne aus weinrotem aufgerautem Plastik.)

Fred beschloss, des guten Klimas wegen nach Arizona zu gehen. Die Winter sind dort das reinste Paradies und im Gebirge ist sogar der Sommer erträglich. Fred genoss die Landschaft, das gemütliche Leben im Südwesten, die Ruhe, das kostengünstige Leben. Aber was sollte er den ganzen Tag machen? Da er gerne Wein trinkt, beschloss er, ein Weingut aufzubauen. Die Wissenschaftler vom Agrarinstitut der Universität Tucson fanden die Idee sehr interessant und sagten, die Letzten, die das in Arizona versucht hätten, seien um 1890 ein paar Deutsche gewesen. Doch aus einem unbekannten Grund war die Sache wieder eingeschlafen.

Die Unileute wollten Freds Projekt gerne unterstützen und fördern, wiesen aber auf sein hohes Alter hin und schlugen vor, er solle lieber eine Pecan-Farm aufbauen. Da gebe es Erfahrungswerte von fünf oder sechs Farmern, die seit ein paar Jahren in Arizona die Pecannuss mit Erfolg anbauten. Bisher war das Pecanland Texas. Die Pecannuss ist die nordamerikanische Form unserer Walnuss. Die Nüsse sind höchst begehrt für Backwaren, roh und geröstet ein wunderbares Knabbermittel und auch für die Ölproduktion sehr geeignet.

Fred las sich in die Fachliteratur ein, besuchte die erfolgreichen Pecannuss-Farmer, kaufte ein paar hundert Hektar Land mit einem hübschen alten Farmhaus, landwirtschaftliche Maschinen und Arbeitsgeräte und pflanzte 8000 Bäumchen, hegte und pflegte sie und wartete auf die erste Ernte. Die gab es nach acht Jahren. Da wurde er gerade 69 Jahre alt und feierte das Erntedankfest mit seinem Geburtstag zusammen.

Acht weitere Jahre freute er sich an dem Wald seiner rasch wachsenden Nussbäume, dann heiratete der energetische Mittsiebziger eine jüngere Frau, verkaufte die Farm und erwarb in einer malerischen kleinen Stadt ein prächtig gelegenes altes Holzhaus mit schöner Aussicht. Er renovierte in liebevoller Arbeit eigenhändig dieses Haus, bis daraus ein Schmuckkästchen entstand. Als ich vor ein paar Jahren Arizona besuchte, baute Fred gerade ein Panoramafenster. Das erste in seinem Leben, aber es war perfekt. Nachdem Fred das Haus renoviert und absolut nichts mehr zu tun hatte, baute er mit seiner Frau ein Blumengeschäft auf. Da war er 82. Er ist noch immer guter Laune, frisch und munter, tanzt gern, singt gern, kocht gern und freut sich des Lebens. Denn er lebt nach der Philosophie des Kaufmanns John Donough.

Ich möchte diese Lebenseinstellung mit einem eindrucksvollen Text ergänzen, der 1692 in der St.-Pauls-Kirche in Baltimore festgeschrieben wurde:

Gehe ruhig und gelassen durch Lärm und Hast und sei des Friedens eingedenk, den die Stille bergen kann.

Vertrage dich mit allen Menschen, möglichst ohne dich ihnen auszuliefern. Äußere deine Wahrheit ruhig und klar und höre anderen zu. Auch den Geistlosen und Unwissenden, auch sie haben ihre Geschichte.

Meide laute und aggressive Menschen, für den Geist sind sie eine Qual.

Wenn du dich mit anderen vergleichst, könntest du bitter werden und dir nichtig vorkommen, denn es wird immer manche geben, die größer oder geringer sind als du.

Freue dich deiner Leistungen wie auch deiner Pläne. Bleibe immer deinem Weg treu, wie bescheiden er auch sei. Im wechselnden Glück der Zeiten ist er ein echter Besitz.

In deinen geschäftlichen Dingen lasse Vorsicht walten, denn die Welt ist voller Betrug. Doch soll dich das nicht blind machen für vorhandene Rechtschaffenheit. Viele Menschen bemühen sich, hohen Idealen zu folgen, und überall ist das Leben voller Heldenmut.

Sei du selbst. Vor allem heuchle nicht Zuneigung und sei, was die Liebe betrifft, nicht zynisch, denn trotz aller Dürre und Enttäuschung ist sie doch ewig wie das Gras.

Nimm freundlich gelassen den Ratschluss der Jahre an und gib mit Würde die Dinge der Jugend auf.

Stärke die Kraft des Geistes, damit er dich bei unvorhergesehenem Unglück schütze, aber quäle dich nicht mit Gedanken. Viele Ängste kommen aus Ermüdung und Einsamkeit.

Neben einem gesunden Maß an Selbstdisziplin sei zu dir gerecht. Du bist nicht weniger ein Kind des Universums, als es die Bäume und die Sterne sind.

Du hast ein Recht hier zu sein, und ob dir dies klar ist oder nicht, kein Zweifel besteht, dass das Universum sich so entfaltet, wie es sich entfalten soll. Darum lebe in Frie-

den mit Gott, wie auch immer du ihn verstehst. Was auch immer deine Mühe und dein Sehnen ist, halte in der lärmenden Wildnis des Lebens mit deiner Seele Frieden.

Trotz aller Falschheit, Mühsal und aller zerbrochenen Träume ist es dennoch eine schöne Welt. Sei vorsichtig und strebe danach, glücklich zu sein.

Die Kunst der Bescheidenheit

oder Wie werde ich glücklich?

———— ▬► ◄▬ ————

Nicht reden, handeln.
Sufi-Grundsatz

Naivlinge glauben an günstige Zufälle, kluge Köpfe glauben an Ursache und Wirkung. Ein klar denkender Mensch weiß, dass sein Schicksal nicht vom Zufall abhängt, sondern von sorgfältiger Planung. »Leben ist ewiger Unterricht in Ursache und Wirkung«, meint Ralph Waldo Emerson. Jeder kann also sein Schicksal in die Hand nehmen und für positive Veränderungen sorgen. Die weiter vorne ermutigenden Beispiele zeigen das deutlich. Nun muss dieses Handeln nicht auf das Überleben auf einer Insel, auf den bewussten Konsumverzicht oder auf die Änderung schlechter Gewohnheiten in positive beschränkt bleiben.

Jeder kann an sich arbeiten, um in ein besseres seelisches Gleichgewicht zu kommen. Jahrtausendelang haben Philosophen, Weise, Heiler, Schamanen, Ärzte und Psychologen nach Methoden gesucht, die Seele des Menschen in einen permanenten Glückszustand zu setzen. Jeder Lehrer der Weisheit hat seinen eigenen Ansatz und seine eigene Lehrmethode. Der Medizinmann Smohalla z. B. sieht den Weg im Traumkult und seinen Tänzen und Liedern, Buddha in der meditativen Konzentration zum Loswerden aller negativen und destruktiven Emotionen, der pragmatische Scott Nearing in der Tugend der bescheiden-tätigen Lebensweise oder der Stoiker in der Erkenntnis seiner selbst, indem er seinen Anlagen gemäß lebt und nicht nach etwas strebt, das dem eigenen Charakter fremd ist.

»Kein Hass, kein Neid, keine Besitzgier. Arbeite und entwickle Selbstvertrauen«, sagt ein buddhistischer

Lama in Ladakh. »Arbeite und entwickle Selbstvertrauen«. Dieses an sich selbst arbeiten bewirkt in jedem Fall positive Veränderungen der Psyche. Jeder, der einmal ein Instrument gelernt hat, kennt den mühevollen Weg von den ersten Fingerübungen bis zum ersten anhörbar gespielten kleinen Stück. Aber er kennt auch das Glücksgefühl, das sich einstellt, wenn die Harmonie der schön gespielten Komposition die eigene Seele erfüllt und auf die Zuhörer überspringt. Plötzlich herrscht Glückseligkeit. Man kann sie im Raum spüren. Die Gesichter des Auditoriums glänzen vor Freude. Und ebenso ist es, wenn man eine Mozart-Oper hört, bei einem Rockkonzert oder in einem Musical vor Begeisterung vergisst, was einen bedrückt, ein Gebäude oder einen Park von vollkommener Harmonie betritt, das Wunder eines kleinen stimmigen Gedichtes erlebt, einen berührenden Film sieht, die berückende Schönheit eines Bildes erkennt oder mit einem geliebten Menschen in seelischem und körperlichem Gleichklang ist. In diesen Momenten oder Stunden fallen alle Sorgen und Ängste von einem ab. Himmlische Schönheit umgibt uns. Die Seele ist eins mit allem. »Eines zu sein mit allem, das ist das Leben der Götter, das ist der Himmel des Menschen«, sagt Friedrich Hölderlin.

Wie kann dieses Glücksgefühl in einen permanenten Zustand verwandelt werden? Ist das überhaupt möglich? Denn es gibt ja auch die dunkle Seite, die mit ihrer negativen Energie über jeden Einzelnen herfällt und ständig dabei ist, Harmonie und Schönheit zu zerstören. Mir hat einmal ein Militärhistoriker erzählt, wenn Barbaren irgendwo einfallen, egal ob während einer Revolution, bei Plünderungen, im Krieg, beim Einbruch in ein Haus, werden zuerst die Musikinstrumente, die Übermittler der Harmonie, zerstört. Die zerstörerischen Kräfte haben Angst vor der Harmonie.

Wenn Luther von Depressionen befallen wurde, sang und spielte er und kämpfte so »mit der Laute gegen den Teufel«. Wer das Glück hat, in einer schönen Umgebung aufzuwachsen und zu leben, weiß das erst richtig zu schätzen, wenn es ihn in deprimierende Gegenden verschlägt. Die Hässlichkeit der Bronx oder verwüstete und verrottende Industriegebiete wo auch immer, in Polen oder im Ruhrgebiet, strahlen nicht nur Hoffnungslosigkeit, sondern auch Aggressivität ab. Die Gesichter der Menschen spiegeln keine Freude, sondern Angst und Sorge, die Gefühle werden negativ, die Sprache verroht. Der Umgang miteinander wird hart. Eine schleichende Krankheit der zerstörerischen seelischen Kräfte breitet sich wie eine Epidemie aus.

Kunstwerke sorgen für eine Art seelischer Massage. Kunst tröstet. Deshalb hat Kunst im Leben des Menschen eine ungeheure Bedeutung. Denn was nützt permanenter Geldsegen, permanenter Konsum, permanente Anstrengung, um Luxusgüter zu erlangen, wenn ich nicht glücklich bin. »Eine Perle um den Hals, aber einen Stein in der Brust«, heißt ein jiddisches Sprichwort. Kunstwerke geben uns Einblicke in schönere Welten. Doch Kunst, die unsere Seelen erfreut, kommt immer von außen. Die wirkliche Freude sollte aus der eigenen Seele kommen. »Freut euch allezeit«, sagt der Apostel Paulus, denn »ein Heiliger, der traurig ist, ist ein trauriger Heiliger«, meint der berühmte Yogi Sri Yukteswar.

ASKESE – DAS TRAINIEREN DER
INNEREN FREUDE

Das Wort Askese kommt vom griechischen Askesís und heißt Übung. Mit Askese ist die religiöse Übung zu körperlicher und geistiger Selbstüberwindung gemeint. Hier soll nicht auf die Exerzitien der christlichen Tradition eingegangen werden mit ihren Gesängen, Gebeten und Fastengeboten. Auch der christliche Weg zur Lebensfreude kann zum Erfolg führen. Doch die jahrtausendealte buddhistische Tradition hat Meditationstechniken zur Überwindung oder Verstärkung der Emotionen entwickelt, die dem modernen Menschen in ihrer feinen Differenzierung mehr praktische Anleitung geben. In den buddhistischen Schriften wird von vierundachtzigtausend fein abgestuften negativen Emotionen berichtet. Der Übende, der seinen Geist verändern will, muss diese überwinden. Daher wird von »vierundachtzigtausend Eingangstüren zum buddhistischen Pfad des inneren Wandels« gesprochen. Letztlich handelt es sich jedoch dabei um die wesentlichen Grundemotionen Hass, Gier, Wahn, Stolz und Neid. Konstruktive Bewusstseinzustände sind z. B. Selbstachtung, kontrolliertes Selbstwertgefühl, Gefühle der Integrität, Mitgefühl, Wohlwollen, Großmut, die Fähigkeit, Gerechtigkeit, Güte und Wahrheit zu erkennen, Liebe und Freundschaft. Allein an diesem feinstufigen System zur Erfassung der Emotionen erkennt man, welch bewunderungswürdiges Gedankengebäude der Buddhismus darstellt.

Ziel der Meditationen ist es, dass der Übende durch seine geistige Konzentration auf ein positives Element negative Emotionen überwindet, seelische Stärke entwickelt und dem Göttlichen näher kommt. Wenn der Meditierende sich z. B. der Übung der Güte und des Mitgefühls widmet, ist sein Geist durchdrungen von Güte. Diese positive Energie wird ihm nahezu zur zweiten Natur, so dass Neid oder Gier immer unwichtiger werden. Er lebt in vollkommenem Frieden mit sich selbst und seiner Umwelt. Ein Glücksgefühl durchtränkt ihn, eine Aura der Freiheit umstrahlt ihn, weil innere Ruhe, Stabilität, Klarheit und Erfüllung von ihm Besitz ergriffen haben. Nun ist er Teil jener Urgüte, die die Buddhisten als das innerste Wesen des Weltgeistes bezeichnen. Dieser Bewusstseinszustand wächst, je länger er durch Meditation trainiert wird. So wird es seit Jahrtausenden in den buddhistischen Klöstern gelehrt und gelebt, und wer einem Lama begegnet oder gar dem Dalai Lama, der erkennt die tiefe Weisheit der Meditations-Technik körperlich in der guten Ausstrahlung – man spürt sofort: Hier ist ein glücklicher Mensch, in dem die fünfundzwanzig heilsamen, konstruktiven Emotionen wie Glaube, Selbstvertrauen, geistige Spannkraft oder Beweglichkeit, Achtsamkeit und Weisheit Fleisch geworden sind. Menschen, die in Harmonie mit sich selbst leben, haben ein sehr ausdrucksstarkes Gesicht, denn sie müssen nichts verbergen, sind nicht misstrauisch, haben keine Gier zu verstecken. Wir sprechen von einem offenen Gesichtsausdruck. In einem solchen Gesicht kann man die Gedanken und Gefühle ablesen, Zweifel, Freude, Trauer. Kinder, Weise und weltabgeschieden lebende Menschen haben Gesichter, die Ruhe, Gelassenheit und unentwegt gute Laune zeigen.

Auf einer Alm im Tauros, dem mächtigen Gebirge im Süden der Türkei, traf ich einmal einen Hirten mit zwei

Kindern im Alter von fünf, sechs Jahren. Sie strahlten vollkommenes Glück aus. Die drei Gestalten vor dem Hintergrund eines gewaltigen rot leuchtenden Berges am Rande ihrer Ziegenherde mit den drei großen zottigen Hirtenhunden war ein biblisches Bild. Auf die Frage, wann die letzten Fremden hier gewesen seien, lächelte der Hirte und sagte: »Im letzten Jahr.« Er lebte den Sommer über mit seiner Familie und seiner Herde im Hochgebirge, stressfrei, einfach und ohne Gier. Sein Gesicht und das seiner Kinder hatten eine ausgeprägte Muskulatur, es waren keine Masken wie die meisten Politiker- oder Managergesichter. Sie spiegelten offen ihre Empfindungen wider. Die mangelnde Zurückhaltung war Zeugnis eines ganz erstaunlichen Selbstvertrauens, einer Freude am Leben, dem Einssein mit der Natur. Ich glaube, ich habe seitdem nie wieder so schöne, weise und fröhliche Kindergesichter gesehen.

Die negativen Folgen der zerstörerischen Gedanken, die uns und unsere Mitmenschen unglücklich machen, kann man also neutralisieren. Bescheidenheit ist zum Beispiel ein Gegenmittel gegen Habgier, Hass wird durch Liebe ausgeglichen, Wut durch Mitgefühl oder Überheblichkeit durch die Anerkennung der Leistungen anderer. Wie stark die Kraft der geistigen Konzentration auf die Psyche wirkt, kann jeder in einer kleinen Übung ohne Anleitung eines Lehrmeisters der Meditation selbst erproben. In dem Moment, wo ich ein Lächeln in meinem Gesicht strahlen lasse, setzt im Gehirn eine für das Glücklichsein typische Aktivität ein. Ich fühle mich sofort heiter. Umgekehrt löst ein finsterer Gesichtsausdruck negative Gefühle aus und ein Prozess der destruktiven Gedanken setzt im Gehirn ein. Hitlers bösartiges Gesicht ist ein Spiegel der zerstörerischen – und selbstzerstörerischen – Kräfte seiner Seele, die in einem mörderischen Tempo auf große Teile einer ganzen Kulturnation übersprangen und verheerende Folgen hatten.

Die moderne Hirnforschung hat inzwischen aufregende Entdeckungen gemacht, die die Erfahrungen buddhistischer Mönche, dass man durch Meditation sich selbst und damit seine Umwelt positiv verändern kann, bestätigen. Richard J. Davidson, einer der bedeutendsten Forscher der Zusammenhänge zwischen Gehirn und Emotion, führte neurowissenschaftliche Untersuchungen über die Wirkung der außerordentlichen geistigen Fähigkeiten tibetanischer Mönche durch. Im Zuge seiner Forschungen hatte Davidson herausgefunden, dass im linken Gyrus frontalis medialis, eine Hirnregion, die Davidson als Sitz positiver Emotionen ausgeforscht hatte, eine erstaunliche Steigerung der elektrischen Gamma-Aktivität zunahm, sobald seine Versuchsperson, ein Lama, der über dreißig Jahre lang täglich viele Stunden meditiert hatte, aus dem Zustand der Ruhe in die Meditation über das Mitgefühl wechselte.

Die weiteren Untersuchungen an nahezu zweihundert Versuchspersonen bestätigten die gesteigerte elektrische Gamma-Aktivität im Bereich der linken präfrontalen Rinde, wenn die Versuchspersonen sich an glückliche Momente, freudige Ereignisse, Erfolge oder einfach nur an Wohlbehagen erinnerten oder Vorfreude auf zukünftige Ereignisse zeigten. In diesem Zusammenhang ist es vielleicht interessant zu wissen, dass die buddhistische Meditationslehre sieben Arten des Glücks in der Familie der Glücks-Emotionen definiert:

Vergnügen,
Stolz und Freude auf eine gelungene Leistung,
Erleichterung,
Erregung,
Verwunderung,
sinnliche Freude in allen Sinnesbereichen,
friedliche Gelassenheit der Seele.

Davidson machte aber die weitere erstaunliche Entdeckung, dass die entgegengesetzte Stelle in der rechten Gehirnhälfte das Zentrum der negativen Emotionen ist, der Sitz von Trauer, Angst, Sorge, Wut und Aggression.

Nun kann bis zu einem gewissen Grade der Mensch seine Stimmungen beeinflussen. Schon ein schöner Fernsehfilm oder ein nettes Gespräch mit dem Nachbarn bewirkt die Ablenkung von nagenden Sorgen. Das kennt jeder von uns.

Wie stark Filme unser Gefühlsleben beeinflussen, hat ein Psychologen-Team der University of Michigan in Ann Arbor der Fachzeitschrift »Hormones and Behavior« zufolge wissenschaftlich bewiesen. Drei Gruppen von Testpersonen bekamen jeweils 30 Minuten die sentimentale Liebesgeschichte »Die Brücken am Fluss«, die Mafia-Blutoper »Der Pate II« sowie einen Dokumentarfilm über den Regenwald am Amazonas gezeigt. Bei der Dokumentarfilm-Gruppe war der Hormonspiegel vor und nach dem Film fast identisch. Dagegen stieg während des Schmachtfetzens die Menge des weiblichen Hormons Progesterons bei Frauen wie Männern dramatisch an. Beide Geschlechter hatten plötzlich Sehnsucht nach zärtlicher Berührung und Zuneigung. Bei Männern sank zudem der Testosteron-

Spiegel. Testosteron ist das Hormon, das unter anderem für gesteigerte Angriffslust sorgt. Beim Mafiafilm stieg das Testosteron bei Männern bis zu 30 Prozent an und ihr Zärtlichkeitsbedürfnis sank, während bei Frauen die Testosteronwerte fielen und die meisten sich sehr unwohl fühlten. Wenn Filme solche Emotionsänderungen hervorrufen, ist es klar, dass auch Lieder, Bilder, Gespräche mit Freunden, Hasstiraden, Angst usw. unser Gehirn und unsere Seele stark beeinflussen. Davidsons Lama, der sich als Testperson zur Verfügung gestellt hatte, bestätigte die uralten Erfahrungen der buddhistischen Mönche, wonach derjenige, der »über das Mitgefühl für alle Wesen meditiert«, der direkte Nutznießer selbst ist. Die klassischen Schriften der buddhistischen Weisen sagen, dass der Meditierende, der sich voll auf die positiven Emotionen konzentriert, nicht nur von Menschen, Tieren und Pflanzen geliebt wird, gut schläft, schöne Träume erlebt, sondern selbst immer heiterer Stimmung ist. Liebe wird eben mit Liebe beantwortet, Hass mit Hass.

Noch vor zwölf Jahren waren die führenden Neurologen überzeugt, dass das Gehirn des Neugeborenen bereits alle Neurone besitzt und diese Grundsubstanz im Laufe des Lebens nicht mehr beeinflusst würde. Inzwischen haben neue Erkenntnisse diese Annahme überholt. Denn ständig wird das Gehirn durch neue Lebenserfahrungen verändert, wie sich auch Gesichter im Laufe des Lebens immer wieder verändern – positiv als auch negativ, wie jeder aus seinen Fotoalben ersehen kann. Magnetresonanztomographien zeigen sehr deutlich die Veränderungen in den Hirnregionen, die für die wiederkehrenden Übungen zum Beispiel von Schriftstellern oder Spitzensportlern zuständig sind. Je intensiver die Meister auf ihren jeweiligen Gebieten trainieren, umso stärker sind die Veränderungen. Irgendwann wird der Lehrling durch stetigen Fleiß zum Meister und diese verinnerlichte wahre Meisterschaft strahlt die gesamte Persönlichkeit aus.

Die Gabe zum Glücklichsein wohnt in jedem Menschen, doch kann man es durch systematische Schulung des Geistes beständig machen. So wie der Musiker ständig üben muss, um seine künstlerische Fähigkeit auf hohem Niveau zu erhalten, so muss der Mensch, der nach innerer Harmonie strebt, permanent daran arbeiten. Mir sagte einmal der Organist des Klosters Königsmünster in Westfalen auf die Frage, ob ihn nicht der rituelle Ablauf der fünf täglichen Stundengebete mit ihrer musikalischen Gleichförmigkeit langweile: »Das ist für mich die reinste Medizin.« Auf diese Weise sorgt er für ständige Pflege seines Glücksgefühls.

Für andere bilden die Quelle des Glücks die regelmäßigen Yogaübungen oder zwei Gärtnerstunden, das allabendliche Joggen im Park oder das konzentrierte Tagebuchschreiben. Der Dalai Lama sagt:

»Durch Schulung des Geistes können die Menschen gelassener werden, besonders jene, die allzu sehr unter dem Auf und Ab des Lebens leiden.«

AUTORITÄT UND BELEHRUNG

Für den griechischen Philosophen Aristoteles bedeutet Glück das gute Gedeihen des Menschen. Er präzisiert dies in seiner Lehre von der Mitte, worin die Tugenden wie Nächstenliebe, Mut, Freundschaft oder Wahrhaftigkeit, die der kluge Mensch tagtäglich anstrebt, in einem ausgewogenen Verhältnis stehen sollen. Die Harmonie der Tugenden untereinander erreicht der Übende nach Aristoteles' Auffassung durch das Vorbild weiser älterer Menschen, die diese Eigenschaften im Laufe ihres Lebens erworben haben. Dieser Gedanke ist jetzt sehr wichtig: Das Beispiel soll auf den richtigen Weg führen, nicht die Predigt. In einer Zeit, in der die politische Kaste und das Topmanagement in Wirtschaft und Kultur immer unglaubwürdiger werden und ethische Werte mit Füßen treten durch ungenierte Selbstbedienungsmentalität, nach außen hin aber Moralsalbadernd sich selbst feiern, wird durch die verheerende Doppelmoral der Chefs die Glaubwürdigkeit in das vernünftige Miteinander zerstört. Alle Philoso-phen und Weisen, ob aus dem alten China, den USA, Deutschland oder dem antiken Griechenland sind sich einig: Wer moralisch handelt, vermehrt das Gute. Und moralisch handelt, wer seinen Egoismus überwindet, d. h. wer seine destruktiven Gedanken und Handlungen reduziert und auch in diesem Bereich bescheiden wird.

Wo aber findet man in unserer auf den äußeren Erfolg, auf Macht, Geldgier und Ansehen versessenen Welt integere Lehrmeister, von denen Aristoteles spricht? Zweifellos gibt es sie. Aber wie findet man sie, und besonders in jungen Jahren? Buddha hat gesagt: »Ich habe euch den Weg gezeigt. Nun ist es an euch, den Weg zu beschreiten.« Dort, wo die Traditionen der Weisheit seit Jahrhunderten ungebrochen lebendig sind wie in der Kultur der Tibeter, bei den Schamanen südamerikanischer Amazonasindianer-Stämme oder bei den weisen Männern und Frauen mongolischer Clans, werden Wissen und sozialer Umgang durch Vorleben, mündlicher und praktischer Unterweisung weitergegeben und der spirituelle Weg durch beispielhaftes Leben gelehrt. In der auf schnellen Erfolg programmierten westlichen Industriegesellschaft sind wahre Meister der Lebenskunst rar. Die sich als solche präsentieren, stellen sich oft als geschäftstüchtige Selbstverkäufer auf dem Esoterikmarkt heraus, die seelisch Dürstenden geschickt das Geld aus der Tasche ziehen. Zudem ist es in unserer verschulten Gesellschaft schwer, sich der Gängelei durch vorgefertigte Lehrmodelle zu entziehen.

Die Domestizierung des Menschen beginnt ja bereits von Geburt an. Denkmodelle bestimmen unser gesamtes Leben. Eltern, Schule, Medien, Umwelt predigen uns, wie »man« leben muss. Es wird uns beigebracht, ständig über uns selbst, über Freunde, Nachbarn, Wildfremde Urteile zu fällen. Die Angst, dem Verhaltenscodex nicht angepasst zu sein, lähmt uns, eigene Gedanken zu entwickeln. Wir haben gelernt: Wer anders betet, wer sich anders kleidet, wer anders lebt oder kocht, eine andere Sprache spricht, außer den in unserem Bildungssystem akzeptierten, ist verdächtig. Er gehört einer minderen Kultur an. Wer sich neben die Normen stellt, ist ebenfalls verdächtig. Denn überall in der Struktur einer Gesellschaft wirkt die Macht einer unsichtbaren Gruppe, die die Fäden in der Hand hat und dafür sorgt, dass das Volk am Gängelband geführt wird. Früher besaß diese Macht der Adel und die Kirche, heute ist sie in den Händen der Topmanager der internationalen Multikonzerne. Diese sind, völlig unabhängig von den gewählten Regierungen, die wahren Herrscher dieses Planeten. Sie bestimmen Wohlstand und Zukunft von Nationen, bestimmen die öffentliche

Meinung, das Bildungssystem, welche Lehrmeinungen in Schulen und Universitäten vertreten werden dürfen, welche Informationen in welcher Form in den Medien zur Beeinflussung der Massen ausgestrahlt werden.

Von Kindheit an sind wir dem normierten Denken ausgesetzt. Wir sind so daran gewöhnt, dass wir uns der ständigen Zwänge kaum bewusst sind. Unser Leben ist bis ins kleinste Detail reglementiert und wird ständig überwacht. Gesetze, Verordnungen, Verhaltensmuster, Bestimmungen, Moden, Anstandsregeln. Vieles davon ist nützlich für den vernünftigen Umgang miteinander. Doch die Normierung lässt dem Einzelnen kaum noch Luft, eigene Gedanken und Lebensanschauungen zu entwickeln. Überall droht unsichtbare Autorität: Du sollst nicht, du darfst nicht, du kannst nicht.

Daher die ständigen Fluchtgedanken der meisten Zeitgenossen. Man will der gefühlten geistigen Enge und seelischen Gefangenschaft entfliehen. Aber wohin? Viele versuchen durch Kurzurlaube in exotischen Ländern Freiheit zu gewinnen, andere befriedigen ihren seelischen Hunger im Konsum- oder Alkohol- bzw. Drogenrausch. Doch wie weit man auch reist, wie hemmungslos man sich dem Vergessen im Rausch hingibt – die Zwänge reisen mit. Wir sind durch emotionale Fäden unsichtbar an das System gekettet. Wer sich wirklich befreien will, muss seine Freiheit unter dem Ballast der kollektiven Kontrolle hervorgraben. Oder vielleicht auch nicht?

DIE WEISHEIT DES NICHTHANDELNS

Die alte chinesische taoistische Weisheitslehre des Wu wei verspricht einen verblüffend einfachen Weg zur Befreiung von zwanghaften Bindungen. Wu wei bedeutet: Nichthandeln. Wer sich vertrauensvoll dem Geschehenlassen hingibt, ohne verbissen um Erfolg zu kämpfen, ohne Erwartung einer Belohung für seine Anstrengungen, für den wirken die Kräfte des Tao. Das bedeutet, man überlässt sich dem Strom der allumfassenden Weltweisheit, wo sich die Dinge von selber fügen. In diesem Zustand der vollkommenen Entspannung handelt dann jeder instinktiv richtig. Wer nach dieser Erkenntnis lebt, wird niemals etwas tun, wogegen er sich innerlich sträubt.

Der Zen-buddhistische Meister Dogen bringt alles Wesentliche dieser Lehre in ein paar prägnanten Sätzen unter:

»Tue nichts, was böse ist. Hänge nicht an Leben und Tod. Erbarme dich aller Lebewesen. Ehre, was über dir ist. Sei gnädig zu den Unteren. Hasse nicht, verlange nicht, lass nichts an deinem Herzen haften. Trage Leid um nichts. Dann wirst du selbst der Buddha sein, suche ihn nirgends woanders als in dir selbst.«

Wer diesen Grundsatz beherzigt, dessen Dasein wird weitgehend sorglos verlaufen. Auf unsere christliche Tradition übersetzt könnte man sagen: Man lebt gelassen in völligem Gottvertrauen im Hier und Jetzt, ist weder mit seinen Gedanken im Vergangenen noch in der Zukunft. Jeder kennt den Zustand, weil jeder ihn immer wieder in kurzen seligen Momenten erlebt z. B. in der Liebe, einem Naturerlebnis oder im Aufgehen in einer Sache, die einem am Herzen liegt, wo man frei ist von Zielen und Motiven. Der Wu-wei-Lehre nach gilt es daher, die Kunst zu erlernen, gelassen in der Gegenwart zu leben und sich nicht verkrampft an Dingen oder Vorstellungen wie Gewinn und Verlust festzuklammern. Wer in sich hineinhört, weiß, was ihm gut tut, doch die meisten handeln dem zuwider, weil die Gier sie treibt, Dinge zu tun, die ihnen schaden, weil die verinnerlichte Autorität der Eltern, Lehrer, Chefs, des Partners oder eines Gurus dazu antreibt. Tief verwurzelt ist in jedem von uns die Angst, abgelehnt oder bestraft zu werden, wenn wir den Forderungen unserer Autoritätspersonen nicht entsprechen. Bindungen dieser Art können bis über den Tod der Autoritätsperson hinaus wirksam bleiben. Mozart war mit einem Übervater geschlagen, dessen Forderungen er sein Leben lang zu erfüllen trachtete. Und eigentlich hat wohl jeder von uns mit dem Loswerden von Autoritäten zu kämpfen, die uns in unserer Kindheit und Jugend geprägt haben. Wir werden diese als negativ empfundenen Autoritäten einfach nicht los. Sie verfolgen uns bis in unsere Träume. Sigmund Freud, der Begründer der Psychoanalyse, schreibt in seiner Biographie: »Als ich sieben oder acht Jahre alt war, bemerkte mein Vater in meinem Beisein zu einem Bekannten: ›Aus dem Buben wird nichts werden.‹ Diese Bemerkung traf mich tief in der Seele. Noch als Erwachsener beschäftigte mich die en passant hingeworfene Bemerkung. Es muss eine furchtbare Kränkung für meinen Ehrgeiz gewesen sein, denn Anspielungen an diese Szene kehren immer in meinen Träumen wieder und sind regelmäßig mit Aufzählungen meiner Leistungen und Erfolge verknüpft, als wollte ich sagen: ›Siehst du, ich bin doch etwas geworden.‹« Das sind Beispiele, wo ein Mensch sein Leben lang vergeblich versucht, sich von negativer Autorität zu befreien. Doch auch »positive« Autorität kann einem das Leben zur Hölle machen. Z. B. wenn die Eltern oder verehrten Lehrer oder die zum Vorbild genommenen älteren Freunde durch ihr Können oder ihr Sein Maßstäbe setzten, die uns in Stress bringen, weil wir es ihnen gleichtun wollen – und nie ihre Perfektion, ihren Ruhm, ihre Anerkennung, ihren geschäftlichen Erfolg, ihre Kunst in der Eroberung von Herzen usw. trotz aller Anstrengungen erreichen – oder uns einbilden, sie nicht erreichen zu können.

Der erste Schritt, sich von Autoritäten und Bindungen zu befreien, ist nach der Lehre des Wu wei die scharfe Beobachtung, was und wer uns eigentlich emotional bindet. Um dem Gefühlswirrwarr zu entfliehen, sollte man die Punkte genau aufschreiben. Damit bringt man das Problem zu einem Großteil aus seinem Kopf und bannt es auf ein Stück Papier. Ist das Problem zu groß, zerlegt man es am besten in ein paar Teile, dadurch wird es überschaubar und leichter zu bewältigen. Also: Was macht mich unfrei? Ob die Last der Besitztümer, Pflege der Geschäftspartner, der Beruf, dessen Stress nicht mehr zu bewältigen ist, meine religiöse Prägung, die komplizierten Beziehungen innerhalb der Familie, aufwendiger Lebensstil oder Sparsamkeit bis zum Geiz, alles sollte man auf den Prüfstand stellen und untersuchen. Die Meister des Wu wei sind überzeugt, dass die emotionsfreie Beobachtung allein die Dinge verändert, wenn der Beobachtende ohne Nebengedanken sich diesen Dingen widmet. Allein der Zustand des Nichtdenkens bewirkt den ersten Schritt der Freiheit. Wichtig ist die absolute Ehrlichkeit sich selbst gegenüber und eine gewisse heitere Gelassenheit.

Und man sollte nicht vergessen: Eine äußerst starke
Bindung ist auch die des modernen Menschen an die
ihm vorgegebenen Zeitabläufe, die wir uns in den vo-
rausgegangenen Kapiteln näher angesehen haben. Bertolt Brecht sagte einmal witzig bildhaft: »Denn alle rennen nach dem Glück – das Glück rennt hinterher.«
Wer ständig dem Erfolg nachjagt, dessen Gedanken
immer vorauseilen, ist ein gehetzter, unfreier Mensch.
Gedankenflucht löst die Probleme nicht, sondern lässt
sie größer werden. Das, was jemand verbissen will,
entzieht sich ihm. Wer in der Gegenwart lebt, dessen
Leben wird intensiver, ihn umgibt eine Aura der Leich-
tigkeit. »Wenn ich esse, esse ich; wenn ich trinke,
trinke ich; wenn ich schlafe, schlafe ich«, sagt der chinesische Weise Ran Tschju, ein Schüler des Konfuzius.
Wer in der Gegenwart lebt, dessen Ruhe wird größer,
dessen Klarheit wächst, dessen Weisheit nimmt zu. Er
wird nicht mehr gequält von der Sorge um die Zukunft, etwas, das sehr viele Menschen unglücklich
macht. Je weiter die Befreiung von den Bindungen vo-
ranschreitet, umso größer wird die Freude an kleinen
Dingen – und auf die kommt es an. »Wer etwas kennt,
reicht nicht heran an jenen, der es liebt; und der es
liebt, reicht nicht heran an jenen, den es freut«, sagt
der große Konfuzius.

ACHTSAMKEIT, DIE BRANDMAUER GEGEN
ZERSTÖRERISCHE ENERGIE

Die alten buddhistischen Pali-Texte überliefern eine
Aufstellung mit 25 heilsamen, konstruktiven Emotionen wie Glaube, Hoffnung, Selbstvertrauen, geistige

Spannkraft, Weisheit und Achtsamkeit. Sie sind wichtig, um vier positive Kräfte im Menschen zu entwickeln: Liebe, Gleichmut, Mitgefühl und Freude. Wer diese Kräfte in ein ausgewogenes Verhältnis bringt, ist wahrlich ein weiser, zufriedener, glücklicher Mensch, der sich wohl fühlt und in dessen Umgebung alles leicht und frei wird.

Für uns Westler ist Achtsamkeit, der in der buddhistischen Lebenskunst so viel Bedeutung zukommt, etwas schwer Greifbares. Die Achtsamkeit gilt als »Bollwerk gegen zerstörerische Emotionen«. In einem Gleichnis über Leben und Tod erzählt Buddha, was mit Achtsamkeit gemeint ist: »Eine gefeierte Tänzerin war ins Dorf gekommen und die ganze Bevölkerung war auf den Beinen, um sie zu bewundern. Zur gleichen Zeit musste ein verurteilter Verbrecher mit einer bis zum Rand gefüllten Schale Öl quer durch das Dorf gehen. Hinter ihm ging ein Soldat mit gezogenem Schwert. Wenn der Verurteilte einen Tropfen Öl verschüttete, musste der Soldat ihn enthaupten. Daher musste er sich mit aller Energie auf die Ruhighaltung der Schale konzentrieren.« Hier unterbrach Buddha seine Geschichte und frage: »Glaubt ihr, der Gefangene war in der Lage, derart achtsam zu sein, dass seine Gedanken nicht von der Schale mit dem Öl abschweiften, um einen Blick auf die berühmte Tänzerin zu werfen oder die sie feiernde Menge der Dörfler wahrzunehmen, die vor Begeisterung herumtobten, so dass er in Gefahr geriet, von ihnen angestoßen zu werden?« Ich glaube, hiermit ist ganz klar, was mit Achtsamkeit gemeint ist.

Buddha lehrt, in dem Augenblick, wenn man ein Bild sieht, einen Klang vernimmt oder mit einem Gegenstand in Berührung kommt, sehr klar und bewusst zu sein: achtsam. Der Übende soll nicht urteilen, ob das Bild schön oder hässlich ist, die Musik misstönend oder harmonisch, ob der Gegenstand uns mit seiner Schönheit verzaubert oder durch seine Hässlichkeit abstößt. Wer achtsam ist, dessen Geist wird unbewegt bleiben, er urteilt nicht. Damit dringt keine zerstörerische Emotion in seine Seele, die ihm schaden könnte. Dieser Zustand kann dadurch erreicht werden, dass der Übende z. B. nur auf sein Ein- und Ausatmen achtet. Der weiterführende Schritt geht in die beobachtende Haltung der Achtsamkeit, in welcher der eigene Geist aufmerksam beobachtet wird. Dadurch erkennt man, ob das eigene Bewusstsein positiv oder negativ ausgerichtet ist, ob der Geist von negativen Gedanken beherrscht wird. Diese Erkenntnis ermöglicht es dem Geübten, negative Gedanken und Emotionen hinter sich zu lassen. Der Geist bleibt ruhig und strahlt Gelassenheit aus, die sich wohltuend auf andere überträgt.

Wir alle haben so etwas schon erlebt, wenn Mitmenschen von verwirrenden Gedanken und Gefühlsausbrüchen fortgerissen wurden und ein Einziger kühlen Kopf behielt. Sofort trat Frieden in der Gruppe ein. Wem es gelingt, Achtsamkeit in sein Wesen zu integrieren, wird heiter und leicht werden. Er lebt in der Gegenwart und, befreit von seinen Ängsten und Nöten, verfügt er plötzlich über ungeahnte Energien, die bisher vergeudet wurden für düstere Grübeleien, die sich mit den Sorgen um die Zukunft beschäftigten.

In diesem Zusammenhang hilfreich ist auch die Methode, die Epiktet empfiehlt, um mit negativen Emotionen umzugehen, um Unerträgliches erträglich zu machen. Er sagt:

»Jedes Ding hat zwei Tragegriffe. An dem einen kannst du es tragen, an dem anderen nicht. Tut dir dein Bruder unrecht, so sage nicht: Er kränkt mich. Nimmst du diesen Tragegriff, so erträgst du es nicht. Sage stattdessen: Er ist mein Bruder, der mit mir groß geworden ist. Das ist die richtige Auffassung, welche die Sache erträglich macht.«

DIE MAGIE DES WORTES

Unbewegtes Beobachten dessen, was uns umgibt, ist eine Seite der Achtsamkeit, die andere ist die sorgsame Beobachtung dessen, wie unser Geist auf die Umgebung wirkt. Unser Geist wirkt durch die Macht des Wortes. Das Wort enthüllt unser innerstes Wesen, zeigt, wes Geistes Kind wir sind, sorgt für Klarheit oder Verwirrung.

Da wir ständig von Wörtern umschwirrt sind – täglich, stündlich, minütlich –, fällt es uns gar nicht auf, aber ein Wort ist mehr als ein Klang oder ein geschriebenes Symbol. Ein Wort ist reine Magie. Das Johannes-Evangelium beginnt mit dem gewaltigen Satz: »Am Anfang war das Wort, und das Wort war bei Gott, und Gott war das Wort.« Das, was den Menschen am meisten vom Tier unterscheidet, ist die Sprache. Durch das Wort können wir unsere Empfindungen und Gefühle ausdrücken, uraltes Wissen weitergeben, das Leben versunkener Kulturen entziffern, sofern sie es schriftlich festgehalten haben, miteinander reden, singen, wissenschaftliche Erkenntnisse austauschen, Kunstwerke schaffen. Das Wort ermöglicht eine Rechtsgrundlage für die zwischenmenschlichen Beziehungen. Das für jeden verbindliche Recht ist ein Wunderwerk, das auf dem Wort basiert. Das Recht steht über dem Mächtigen. Und wenn er es bricht, wird er (oder seine Nachfolger) irgendwann zur Verantwortung gezogen. Wer es bricht, den quält das schlechte Gewissen, egal, ob er eines Tages für seine Untaten vor dem Richter steht oder nicht. Das verdanken wir dem Wort.

Das Wort sorgt dafür, dass wir mit dem Flugzeug in ferne Länder fliegen können, Rendezvous vereinbaren, per Internet über Tausende Kilometer miteinander kommunizieren. Das Wort ermöglicht die Verständigung zwischen Menschen unterschiedlicher Kulturen, indem wir fremde Sprachen lernen oder eine dritte gemeinsame zur Kommunikation verwenden. Das Wort ist das mächtigste Werkzeug des Menschen. Ein liebevolles Wort kann Frieden zwischen zwei Menschen stiften, ein böser Satz die gesamte Menschheit in die Katastrophe führen. Nachdem der deutsche Kaiser Wilhelm mit seinem unbekümmerten Wort von der »Nibelungentreue« Österreich zur Kriegserklärung an Serbien ermunterte und damit den 1. Weltkrieg einleitete, wurde ihm plötzlich nach der deutschen Kriegserklärung an England, Frankreich und Russland klar, was er angerichtet hatte. Doch sein entsetztes »Was habe ich getan!?« kam zu spät. Eine gigantische Kriegsmaschine war auf sein Wort hin in Bewegung gesetzt worden, die zum ersten Mal in der Geschichte den Krieg industrialisierte, große Teile des Globus in Brand steckte, Millionen das Leben kostete und das Sozialgefüge und die Landkarte Europas nachhaltig veränderte. Wenn Wilhelm seine martialischen Reden hielt, nannten das sogar kultivierte Menschen gemütlich lächelnd »mit dem Säbel rasseln«. Kaum jemand hatte damals begriffen, dass das ein Spiel mit dem Feuer war. Der

Operettenkaiser war nicht achtsam mit seinem Wort umgegangen und plötzlich war es ihm entglitten und entwickelte eine eigene schwarze Magie.

Wie tief Wörter in die Seele eindringen, verletzen und ein Leben lang zeichnen können, zeigt auch das bereits erwähnte Beispiel von Sigmund Freud. Ein negativer Satz seines Vaters machte ihm ein Leben lang zu schaffen. Negative Wörter und abschätzige Meinungen Erwachsener richten in Kinderseelen unendlichen Schaden an. Von frühester Kindheit an sind wir von Korruption verseucht. Korrumpiert sein heißt, der Mensch tut etwas, um etwas dafür zu bekommen. Das Kind ist ein »braves« Kind, weil es sonst von der Mutter mit Liebesentzug bestraft wird oder vom Vater eine Tracht Prügel bekommt. Um Bestrafungen zu entgehen, lernen wir bereits als Kinder zu lügen. Die Lüge wird uns anerzogen. Kommt man uns auf die Schliche, werden wir bestraft. Darum werden wir geschickter und vorsichtiger im Lügen. Und so schaden wir uns selbst, denn die Lüge wird uns zur zweiten Natur. Dort, wo es schwierig wird, schwindeln wir uns aus der Verantwortung. Und wer zum gewohnheitsmäßigen Lügner geworden ist, vertraut niemandem mehr, weil er auch alle anderen für Lügner hält. So vergiftet die Lüge die offene Beziehung zu seinen Mitmenschen, ja sogar Freunden und Verwandten.

De la Rochefoucauld prägt einen Aphorismus von bestechender moralischer Integrität, indem er sagt: »Es ist eine größere Schande, seinen Freunden zu misstrauen, als von ihnen betrogen zu werden.« Es ist aber nicht nur eine Schande, es schadet dem Misstrauischen selbst in höchstem Maße. Wer die Fähigkeit des Vertrauens verloren hat, ist ein armer Mensch, der niemals zur Ruhe kommt und freudlos dahinvegetiert. Liebe zieht Liebe an, Misstrauen Misstrauen, Hass Hass, Freude Freude. Wer die Wahrhaftigkeit des Wortes missbraucht, vergiftet die eigene Seele. Lüge ist Schwäche gegen sich selbst. Die Wahrheit stärkt die Seele und macht uns frei. Warum wir überhaupt ständig lügen, hat nicht nur mit Korruption zu tun, sondern auch mit den Grundübeln Habgier und Stolz. Wir lügen, um besser zu erscheinen, als wir wirklich sind, weil wir bei anderen Eindruck schinden wollen. Durch Lügen versuchen wir uns wirtschaftliche Vorteile zu verschaffen. Diese schlechte Gewohnheit führt von der kleinen Lüge über die Halbwahrheit zu gebrochenen Verträgen und sogar Meineid. Kurz, wir verlassen auch im Bereich des Wortes die Bescheidenheit, um uns an der Bewunderung anderer zu bereichern.

Gift für den Charakter sind nicht nur Halbwahrheit und Lüge, sondern auch Tratsch und Klatsch. Sie dienen zur Verspottung und Ehrabschneidung unserer Mitmenschen. Große Teile der Medienbranche leben von dieser Sucht, sich über andere das Maul zu zerreißen. Warum freuen sich so viele Menschen an dieser negativen Kraft? Weil sie sich dadurch über andere erhaben fühlen. Die Sucht, andere schlecht zu machen, ist inzwischen zur beängstigenden Epidemie geworden. Sie breitet sich wie ein Virus aus und tritt das redlichste Bemühen und die ehrlichste Begeisterung in den Schmutz. Tratsch ist der kleine Bruder des Rufmordes. Tratsch bereitet das Feld vor für Minderheitenhass, Neid, Vertrauensbruch usw. Tratsch zerstört den liebevollen Umgang der Menschen miteinander und verwandelt gute Freunde in widerliche Heuchler. Tratsch ist manchmal schlimmer als die Lüge, weil er oft in der Maske des Wohlwollens und des harmlosen Scherzes erscheint.

Die ständige Kritiksucht vergiftet die eigene Seele, weil sie zur schlechten Gewohnheit geworden ist, die freundliche Anerkennung der Leistung anderer nach und nach unmöglich macht. Welcher Theaterkritiker ist noch fähig, überhaupt etwas Lobendes über ein Stück zu sagen? Jahrelanger Fleiß und unermüdliche Hingabe eines Kulturschaffenden wird von einem finanziell abgesicherten, sich wie Dr. Allwissend gebärdenden Oberlehrer mit ein paar hingefetzten Sätzen schlecht gemacht. (Marcel Reich-Ranicki: »Das ist einfach schlecht geschrieben!!!«) Vielleicht versteht der Kritiker die neue Qualität nicht, wie es ja bei vielen Kunstwerken verkannter Genies von Hölderlin über van Gogh bis zu Schönberg geschehen ist.

Richtet der achtlose Umgang mit dem Wort so viel Leid an, so verdanken wir dem Wort auch die beglückendsten Momente, Stunden, Wochen und Jahre.

Welches Glück durchströmt Liebende, wenn sie sich zum ersten Mal offenbaren und sagen »Ich liebe dich«? Wem geht nicht das Herz auf bei den Worten des Weihnachtsliedes wie »Stille Nacht«? Wenn die KZ-Häftlinge in frostklirrenden Winternächten stundenlang antreten mussten, flüsterten sie sich Wort für Wort Gedichte zu. Diese Energiekette gab ihnen Kraft. Umgeben von Bosheit, Folter und Vernichtung erhielt die Wärme des Wortes viele von ihnen am Leben. Dirk Cysarz und seine Kollegen von der Universität Witten-Herdecke legten im August 2004 in der amerikanischen Fachzeitschrift »American Journal of Physiology« ihre Untersuchung über Dichtung und Gesundheit vor. Die Wissenschaftler fanden heraus, dass Homers Odyssee durch den Rhythmus des Hexameters für den laut Lesenden »langsamere Atemschwingungen erzeugt«. Dadurch entsteht eine deutliche »Synchronisation von Herzschlag und Atemfrequenz« und damit eine harmonische und regelmäßige Herzschlagfolge. »Offensichtlich hilft der Hexameter dem Körper, seinen eigenen, guten Rhythmus zu finden. Dadurch atmet die Lunge langsamer und der Blutdruck wird gesenkt.« Wer es versuchen möchte, hier die erste Zeile des Originaltextes in Transkription und Übersetzung:

Andra moi énnepe, Musa, polýtropon, hòs mála pollà …

Singe mir, Muse, die Taten des vielgewanderten Mannes …

Stärker noch als das Sprechen von Gedichten wirkt sich das Singen positiv auf Körper und Seele aus. Wer viel singt, stärkt das Immunsystem, hat eine andere wissenschaftliche Studie ergeben. Und wer viel singt, fühlt sich unbeschwert und fröhlich, weil die positiv-kreativen Kräfte aus Wort und Melodie durch den Sänger geweckt werden und damit in seiner Seele, seinem Geist und seinem Körper gute Gefühle erzeugen. Wie sagt der Volksmund: »Wo man singt, da lass dich ruhig nieder; böse Menschen haben keine Lieder.«

DIE ERKENNTNIS DES DIOGENES

Diogenes (414 bis 323 v. Chr.) ist der bekannteste Vertreter des Zynismus, der Lehre der Bedürfnislosigkeit. Für ihn bestand das wahre Glück des Lebens in der Tugend. Daher hielt er an jeder Straßenecke Athens witzige Predigten gegen alle Laster und Missbräuche. Witzig, weil er wusste, dass man das Moralpredigen am besten unterhaltsam verpackt. Diogenes verkörperte die fleischgewordene Bedürfnislosigkeit und lebte vom Betteln, wobei er behauptete »Ich fordere zurück«.

Manchmal bettelte er zum Erstaunen seiner Mitbürger nicht sie, sondern die Statuen der Stadt an. Als man ihn fragte, warum er das tue, die Steinfiguren könnten ihm doch gar nichts geben, sagte er lächelnd: »Ich übe mich im Nichtsbekommen.«

Einmal lief Diogenes am hellichten Tag mit einer Laterne über den Marktplatz von Athen. Als man fragte, was er in der prallen Sonne mit einer Laterne suche, sagte er: »Ich suche einen ehrlichen Menschen.«

Auf die Frage, was das Schönste auf der Welt sei, antwortete Diogenes: »Die freimütige Rede.« Und als er von Seeräubern gekidnappt und an den Korinther Xeniades verkauft wurde, nahm er das Unglück völlig gelassen. Von seinem neuen Herrn danach befragt, auf welche Arbeit er sich verstehe, antwortete Diogenes: »Menschen beherrschen.« Daraufhin machte ihn Xeniades zum Erzieher seiner Kinder. Das gefiel ihm so sehr, dass es ablehnte, sich von seinen Athener Bewunderern freikaufen zu lassen.

Wegen seiner bissigen Bemerkungen, seiner Lebensform nach Art eines herrenlosen, streunenden Hundes gab ihm Aristoteles den freundschaftlichen Spitznamen »Kyon«, zu deutsch: Hund. Dieser Name ging auf alle Philosophen seines Schlages über, bis heute nennt man sie Zyniker. Diogenes selbst erfand die stolze Bezeichnung »Kosmopolit«, Weltbürger, für sich. Ein Wort, das ebenfalls noch heute gern für unabhängige Geister verwendet wird.

Als Alexander der Große den berühmten Philosophen zu einem Gespräch aufsuchte und fragte, was er für ihn tun könne, antwortete Diogenes: »Geh mir ein bisschen aus der Sonne, mein Sohn.« Der König antwortete: »Wäre ich nicht Alexander, so würde ich gerne du sein.«

Als einem der ersten Menschen der westlichen Welt dämmerte es Diogenes, dass Besitz belastet. Er wohnte in einer Tonne, die im Vorhof eines Tempels lag, ging barfuß, trug – als Symbol der Heimatlosigkeit – einen Wanderstab, hatte einen Rauschebart, einen Sack auf der Schulter, worin sein ganzes Hab und Gut war, und hüllte seine magere Gestalt in einen zerrissenen Mantel. Die betont unbürgerliche Aufmachung ließ Sokrates spotten: »Aus diesen Löchern guckt deine Eitelkeit heraus.« Doch Diogenes nahm es gelassen, denn für ihn war der wahrhaft freie Mensch von allem unabhängig: von der Meinung anderer ebenso wie von der Angst vor dem Tode.

Das ist jetzt der Punkt: unabhängig von der Meinung anderer. Wer sich alles zu Herzen nimmt, was andere über einen sagen, wen die Meinung anderer über sich persönlich trifft, ist wahrhaftig arm dran. Denn was andere Menschen über einen denken, wie sie leben und handeln, hat mit einem selbst nichts zu tun. Wer den Meinungen anderer gegenüber immun ist, verringert seine Probleme in starker Weise. Nun ist das natürlich leichter gesagt als getan, da wir vom Kindergarten an gelernt haben, Meinungen über uns persönlich zu nehmen. Ich verweise nochmals auf den kränkenden Satz von Sigmund Freuds Vater. In dieser Form sind wir stets Spielball der Meinungen unserer Mitmenschen. Sie projizieren ihre Weltanschauung, ihr Kunstverständnis, die Gebote ihrer Tradition auf uns. Wenn zum Beispiel ein junges Mädchen sich ein Tattoo auf den Arm machen lässt, so sind die Freundinnen wahrscheinlich begeistert, da sie Anhänger desselben Schmuckkultes sind, die Eltern werden es möglicherweise gequält tolerieren und die gutbürgerlichen Großeltern werden entsetzt sein. Genauso geht es Schriftstellern mit ihren Werken. Bücher von welthistorischer Bedeutung wurden von Verlagen zurückgewiesen wie Kleists unsterbliche Werke oder Hölderlins grandiose Hymnen, der Musikweltmeister Johann Sebastian Bach wurde von einem zeitgenössischen Expertengremium als drittklassig eingestuft, Astrid Lindbergs wunderbare Pipi-Langstrumpf-Geschichten wurden in den 50er und 60er Jahren von empörten Pädagogen als kinderverderblich verdammt usw. Die Megastar-Autorin Joanne K. Rowling brauchte zehn Jahre, bis sie einen Verlag fand, der ihren *Harry Potter* veröffentlichte, und die Agentin von Patrick Süskind ging bei 104 Verlagen mit seinem »Parfüm« hausieren, bis endlich einer den Welterfolg herausbrachte. Wenn Joanne K. Rowling oder Patrick Süskind sich die Kritik der allwissenden Fachleute zu Herzen genommen und ihr Manuskript in die Schublade gelegt hätten, wären sie nicht nur um Millionen ärmer, sondern auch Millionen begeisterter Leser um das Lesevergnügen gebracht. Wer die Meinung anderer ernst nimmt, macht sich das Leben schwer, denn jeder Mensch hat seinen eigenen Weg. Es ist ja schon eine Anmaßung, sich als Richter über andere aufzuspielen. Sehr beeindruckend in diesem Zusammenhang ist die Reaktion von Jesus auf ein paar scheinheilige Moralapostel, die eine beim Ehebruch ertappte Frau vor ihn zerren und um seine Meinung zu

dem Fall bitten. Das Perfideste daran ist: Um ihn in Er-
klärungsnot zu bringen, sind sie bereit, das Leben einer jungen Frau zu opfern. Denn nach Moses Gesetz
müsste sie gesteinigt werden. Jesus hockt sich schwei-
gend nieder und malt, während er nachdenkt, mit dem
Finger ein paar Krackseln in den Sand. Dann sagt er:
»Wer von euch ohne Sünde ist, werfe den ersten
Stein.« So genial zeigt er ein paar Oberlehrern, was von
ihrer Meinung über jemand anderen zu halten ist.
Wahrheit ist ein sehr relativer Begriff.

Der römische Kaiser und Stoiker Marc Aurel sagt in
seinen »Selbstbetrachtungen«: »Es gibt keine Wahrheit, es gibt nur Meinungen.« Und der japanische Film-
regisseur Kurosawa zeigt in seinem legendären Film
»Rashomon«, wie in den Augen der Zeugen, des Täters
und des Opfers eine Vergewaltigung höchst unter-
schiedlich interpretiert wird, vom vermuteten Einver-
ständnis der Samurai-Gemahlin bis zum Gegenteil.
»Ein jeder von uns irrt, doch jeder irret anders«, sagt
Hölderlin mit tiefer Einsicht.

DAS GIFT DER BESSERWISSEREI

Unabhängig werden von der Meinung anderer ist die
eine Sache, unsere eigenen Vorurteile, vorgefassten
Meinungen, vorschnellen Schlüsse über unsere Mitmenschen in den Griff zu bekommen, eine andere. Wir
sind schnell mit Urteilen bei der Hand, ohne uns
gründlich mit den Handlungen unserer Freunde beschäftigt zu haben, ohne Hintergründe zu kennen. Im
Bewusstsein, den Dingen klar auf den Grund zu
schauen, machen wir uns mit unserer Überzeugung

wichtig und versprühen das Gift der Besserwisserei. Im Bemühen, seine Meinung anderen aufzuzwingen, entsteht viel böses Blut. Der Mächtigere, der Eifrige, der Ältere oder auch der Geschwätzige nimmt sich das Recht heraus, andere zu belehren oder zu verdammen. Er vergisst, dass er nur das sieht, was er sehen möchte, und nur das hört, das in sein Weltbild passt.

Als der Reverend Cram, ein Missionar aus Boston, 1805 die führenden Irokesenhäuptlinge zu einer Erörterung über die einzig wahre Religion bittet, in der er mit der Selbstgerechtigkeit seines christlichen Predigeramtes die unwissenden »Heiden« zu belehren sucht (»Es gibt nur eine Religion und nur einen Weg, um Gott zu dienen. Und wenn ihr nicht den rechten Weg findet, könnt ihr im künftigen Leben nicht glücklich werden … Meine Aufgabe ist es, euch die Augen zu öffnen, damit ihr eure Irrtümer klarer seht … Falls ihr irgendetwas dagegen habt, die Religion, die ich predige, zu empfangen, sagt es freiheraus. Ich werde mich bemühen, eure Einwände und Zweifel zu zerstreuen und euren Verstand zu erleuchten.«), wird er von Häuptling Red Jacket mit grandioser Eloquenz in die Schranken gewiesen. Die Antwort des Indianers ist ein Muster dessen, wie die dümmliche Arroganz eines Besserwissers kompensiert werden kann. Hier ein Auszug mit den wichtigsten Sätzen Red Jackets:

»Auf deine Bitte hin haben wir uns hier versammelt. Wir haben aufmerksam auf das gehört, was du erzählt hast. Du hast uns gebeten, nach unserem Verstand zu antworten. Das freut uns besonders, denn nun glauben wir, dass wir aufrichtig vor dir stehen und sagen können, was wir denken … Du sagtest, du seiest gekommen, um uns zu lehren, wie man den Großen Geist verehrt, so wie er es

möchte. Und falls uns die Religion des weißen Mannes nicht genehm ist, würden wir in alle Ewigkeit verdammt sein. Du sagst, dass du Recht hast und wir auf dem falschen Weg sind. Woher weißt du, dass das wahr ist? Wir hören, dass eure Religion in ein Buch geschrieben ist. Wenn sie für uns genauso bestimmt wäre wie für euch, warum ließ uns dann der Große Geist nicht wissen, dass es dieses Buch gibt? Warum können wir es nicht verstehen? Warum wussten unsere Großväter nichts davon? Wir wissen darüber nur, was du uns erzählst. Woher sollen wir dir glauben, wo uns weiße Männer so oft betrügen?

Bruder: Du sagst, es gebe nur einen Weg, den Großen Geist zu verehren und ihm zu dienen. Wenn es nur eine Religion gibt, warum seid ihr weißen Männer dann so uneinig darüber? Warum ist sich euer Verstand darüber nicht im Klaren, wo ihr doch alle dieses Buch lesen könnt?

Bruder: Das verstehen wir nicht.

Es wurde uns erzählt, dass eure Religion euren Vorvätern gegeben und vom Vater zum Sohn weitergereicht wurde. Wir haben ebenfalls unsere Religion, die unseren Vorvätern gegeben und an uns, ihre Kinder, weitergereicht wurde. Wir ehren den Großen Geist auf unsere Weise. Wir sind für alle guten Dinge, die wir erhalten, dankbar, wir lieben einander und wir sind uns einig. Niemals zanken wir uns über Religion.

Der Große Geist hat uns alle geschaffen, mit einem großen Unterschied zwischen seinen roten und weißen Kindern. Er gab uns eine andere Haut und auch andere Gewohnheiten … Da er so große Unterschiede zwischen uns gemacht hat, warum sollte er uns nicht auch eine andere Religion nach unserer Art schenken? Alles, was der Große Geist tut, hat Sinn. Er weiß, was das Beste für seine Kinder ist. Wir sind damit zufrieden.

Bruder: Es wurde uns erzählt, dass du hier den weißen Männern Predigten gehalten hast. Diese weißen Männer sind unsere Nachbarn. Wir kennen sie. Wir werden ein wenig abwarten und sehen, welche Wirkung dein Predigen auf sie hat. Wenn wir feststellen, dass sie besser werden, dass sie ehrlich werden und es sie von ihrer schlechten Sitte, Indianer zu betrügen, heilt, werden wir deinen Vorschlag überdenken … Das ist alles, was wir dir zurzeit vorzuschlagen haben.

Da wir jetzt auseinander gehen, werden wir zu dir kommen und dir die Hand geben. Wir hoffen, dass dich der Große Geist auf deiner Reise beschützen und dich sicher zu deinen Freund zurückbringen wird.«

Nach diesen Worten erhob sich Red Jacket und ging dem Missionar mit freundschaftlich ausgestreckter Hand entgegen. Doch Reverend Cram stand hastig auf und erwiderte, dass er den Indianern seine Hand verweigern müsse, weil »keine Freundschaft zwischen der Religion Gottes und der des Teufels sein könne«.

Hiermit offenbart der fromme Mann, wes Geistes Kind er ist. In diesem Dialog steckt das ganze Problem des Vorurteils und des Besserwissens. Durch seine Rechthaberei zeigt Cram seine geistige Beschränktheit und durch die Verweigerung des freundschaftlichen Handschlags wird er geradezu kleinkariert. Red Jacket hingegen bleibt locker und zeigt menschliche Größe, weil er im Gegensatz zu Cram, den die Gier nach gläubigen Seelen antreibt, nichts vom anderen will.

Woher kommt die westliche Kritiksucht, der Drang, alles und jeden zu beurteilen, zu erklären, zu verurteilen? Es scheint eine Krankheit der christlich geprägten Seele der Industrienationen zu sein. Es liegt wahrscheinlich daran, dass wir immer gleich auf alles eine Antwort wissen, ohne Fragen stellen zu müssen. Vielleicht bewirkt das unsere oben erwähnte Buchreligion, die seit Jahrtausenden für uns auf alles eine Antwort parat hat.

Wir sind zu bequem oder zu feige, Fragen zu stellen. Dabei fußt gerade die idealistische Philosophie des Westens in Platons Dialogen auf der Gestalt des scharfsinnigen Fragers und Hinterfragers Sokrates. Sokrates nannte seine Fehler und geistige Beschränkungen aufspürende Methode »Menschenprüfung«. Dazu ging er überall in Athen herum und bewies den Bewohnern, dass sie alle miteinander nichts verstünden – und zwar jeder in seinem Fachgebiet. Sein Mittel dazu war die Ironie, indem er tat, als ob er der Unwissende sei und von den Fachleuten Belehrung suche. Geschmeichelt antworteten sie so lange auf seine klug bohrenden Fragen, bis sie völlig blamiert dastanden. Ähnlich wie Red Jacket dem Reverend Cram im Kommentar zu dessen eigenen Behauptungen elegant beweist, wie hohl dessen autoritäre Argumentation ist. Sokrates nannte sein Verfahren »Maieutik«, das heißt Hebammenkunst, denn er wollte durch geschickte Fragen seine Gesprächspartner zur Selbsterkenntnis und Welterkenntnis führen. Sokrates ging davon aus, dass für jeden verständigen Menschen die Tugend lernbar und lehrbar sei, da sie ein Wissen ist.

Ob Besonnenheit oder Gerechtigkeit, Güte oder Tapferkeit, alles ist nach Sokrates' Ansicht zu lernen. Damit findet er sich im Einklang mit den späteren christlichen Denkern oder Buddha, denn die Methode der Meditation hat ja genau dasselbe Ziel: Wie wird der Mensch besser, damit er glücklich lebt. Die vorgefasste Meinung über sich selbst bringt jeden von uns immer wieder in Konflikte. Man überschätzt sich und erleidet wegen fehlenden Know-hows oder mangelnder Ausdauer Schiffbruch, oder man unterschätzt sich und wagt sich nicht an Dinge, die einen weiterbringen könnten. Der Weise tadelt nicht, er beobachtet nur und lehrt durch sein Beispiel oder wie Sokrates durch klug gestellte Fragen. Wahre Menschenliebe akzeptiert seinen Nächsten, wie er ist. In dem Moment, wo Einsichtige nicht mehr ihre Meinung auf ihre Nächsten projizieren, werden alle Beziehungen unkompliziert. Der Ärger über andere fällt ebenso fort wie der Ärger über sich selbst, die Dinge nicht in den Griff zu bekommen. Indem ich meine spontanen Meinungsäußerungen über andere reduziere (was ja auch eine Form des sich Bescheidens ist), wird das eigene Leben leicht und unbeschwert. Die Stoiker meinten, man solle besonders vorsichtig mit Vorurteilen seien.

»Es wäscht sich jemand eilig. Sage nicht: er wäscht sich schlecht, sondern: er wäscht sich eilig.

Es trinkt jemand viel Wein. Sage nicht: er tut übel daran, sondern nur: er trinkt viel.

Denn woher weißt du, ob etwas schlecht ist, bevor du der Sache auf den Grund gegangen bist?«

In einem alten Gebet finden sich die schönen Sätze:

»Herr, bewahre mich vor der Einbildung, bei jeder Gelegenheit und zu jedem Thema etwas sagen zu müssen. Erlöse mich von der großen Leidenschaft, die Angelegenheiten anderer ordnen zu wollen. Lehre mich schweigen über meine Krankheiten und Beschwerden. Sie nehmen zu – und die Lust, sie zu beschreiben, wächst von Jahr zu Jahr. Lehre mich die wunderbare Weisheit, dass ich mich irren kann. Lehre mich, an anderen Menschen unerwartete Talente zu entdecken, und verleihe mir die schöne Gabe, diese auch zu erwähnen.«

Eines der ältesten schriftlich überlieferten schlüssigen Konzepte, wie der Mensch den Zustand gleichbleibender Glücksstimmung erreichen kann, stammt von dem 341 auf der griechischen Insel Samos geborenen Philosophen Epikur. Er studierte beim Platoniker Pamphilos auf Samos, ging dann zum Demokriteer Nausiphanes nach Teos, lernte bei beiden die Grundlagen des damaligen Wissens und machte danach als kühler Realist und Naturwissenschaftler das sicher Mess- und Nachweisbare zur Basis seines Denkens.

Da er unermüdlich arbeitete, war er bald eine Art Universalgelehrter. Sein großes Wissen hielt er im Laufe seines 72-jährigen Lebens in über 300 Büchern fest: von der Elementarphysik bis zur Theologie. Mit 30 ging er nach Athen, das damalige Zentrum des Geisteslebens, und kaufte mit seinen Schülern ein großes Grundstück, auf dem sich außer Wohngebäuden und Gemeinschaftshäusern auch ein besonders schöner Garten befand. Daher hieß seine Studien- und Lebensgemeinschaft im Volksmund bald »Die Philosophen vom Garten«. Hier verwirklichte er sein Konzept über die Lebenskunst, denn als Mann der Praxis hielt er jedes Theoretisieren für unnützen Ballast. Die Physik und das gelehrte Wissen dienten seiner Überzeugung nach zur Befreiung von traumatischen Ängsten. Als Lehrer verkündete er ein materialistisches Weltbild, womit er versuchte, die abergläubischen Vorstellungen seiner Zeitgenossen zu zerstören. Dass die Welt das Schöpfungswerk irgendwelcher Götter sei, hielt er für Spekulation einer Priesterkaste. Er leugnete zwar nicht die Existenz göttlicher Wesen, war aber überzeugt, dass diese Glücklichen in harmonischen Sphären leben, ohne sich um den Menschen und dessen Probleme zu kümmern. Daher hielt er Gottesfurcht für überflüssig.

Auch die Angst vor dem Tode empfand er als unbegründet, da sich die Seele des Menschen – für ihn ein feines, luftähnliches Gebilde aus Atomen – nach dem Vergehen des Leibes in nichts auflöst.

»Der Tod ist ein Nichts, denn was sich auflöst, hat die Empfindung verloren. Wenn man aber nichts mehr empfindet, hat es keine Bedeutung.«

In Epikurs Anschauung ist das Leben nichts anderes als ein ständig von der Vergänglichkeit begleiteter Tanz der Atome. Als höchstes Ziel des Menschen hielt er daher die Lebenslust. Diese resultiert aus der guten Gesundheit des Körpers in Verbindung mit der vollkommenen Gelassenheit des Geistes, der unbeschwerten Fröhlichkeit der Seele und der Freiheit von Schmerzen. Diese Lebensform hielt er für das A und O des glücklichen Lebens, um die sich der kluge Mensch tagtäglich bemühen müsse: das wahre Genießen. »Glücklich sein«, lautete seine Devise. Aber wie lebt man glücklich? Indem man ein Leben im Verborgenen führt, fernab des Trubels der Welt im Kreise lieber Freunde. Wohlgemerkt: Es ging ihm nicht um zügelloses Schmausen und Trinken, nicht um Sexrausch oder Besitzbegeisterung. Im Gegenteil: Für Epikur ist jeder wahre Genuss einfach. »Man kann nicht in Freude leben, ohne vernünftig und gerecht zu leben, aber auch umgekehrt kein vernünftiges, edles und gerechtes Leben führen, ohne in Freude zu leben ...«

Die wahre Glückseligkeit resultiert für ihn aus der Genügsamkeit, der Reinheit des Handelns und der Gesinnung, der Bildung des Geistes, die »im Glück ein

Schmuck, im Unglück eine Zufluchtsstätte« ist, und vor allem aus der heiteren Gemütsruhe, die er mit dem schönen bildhaften Ausdruck *galene*, die Meerstille der Seele, kennzeichnet – zusammengefasst in einer äußeren und inneren Bescheidenheit. Das ängstliche Streben nach Sicherheit hielt er für eine Quelle ständigen Übels.

»*Sicherheit vor den Menschen lässt sich zwar bis zu einem gewissen Grade durch Macht stützen und durch Reichtum befestigen, doch echter ist die, die das Leben in der Stille und das Zurückziehen vor den Massen gewährt.*« Epikur war überzeugt, dass Unrecht tun unglücklicher mache als Unrecht erleiden. Zudem dürfe ein kultivierter Mensch nicht nur Böses nicht tun, sondern es nicht einmal in Gedanken erwägen. Jeder solle sich vor sich selbst mehr schämen als vor anderen und das Unrecht meiden, egal, ob niemand oder jeder davon weiß: »*Das Leben eines Gerechten wird am wenigsten von Unruhe erschüttert, das des Ungerechten ist von größter Unruhe erfüllt.*«

Er empfahl, auch das, was einem Freude bereitet, sehr sorgfältig zu prüfen und auszuwählen, denn manches davon kann die gelassene Heiterkeit stören. Sehr klug ist seine Überlegung zur Sexualität:

»*Ich habe gehört, dass dich der Kitzel im Fleisch übermäßig zum Sex treibt. Wenn du magst, folge deinem Verlangen, aber so, dass du dabei nicht gegen die Gesetze verstößt, den Anstand verletzt, keinen dir Nahestehenden kränkst, deine Gesundheit ruinierst und dein Vermögen nicht verschleuderst. Es ist allerdings sehr schwer, sich nicht zumindest in eine der genannten Schwierigkeiten zu verstricken. Der Liebesgenuss bringt ohnehin keinen Nutzen, ja man kann sogar froh sein, wenn er nicht schadet.*«

Eines der höchsten Güter des Menschen ist für ihn die Freundschaft. Viele seiner Gedanken sind ihr gewidmet. Denn »die Fähigkeit, Freundschaft zu gewinnen, ist unter allem, was die Weisheit zum Glücklichsein beitragen kann, das bei weitem Bedeutendste«. Wie wertvoll Freunde für ihn waren, geht aus den letzten Tagen seines Lebens hervor, als er sagte, er überwinde seine Schmerzen durch die Erinnerung an schöne Gespräche, die er mit Freunden geführt hat.

Entsprechend war Epikur überzeugt, dass wirklich glücklich nur derjenige lebe, der mit wenigem auskommen könne:

»Viele, die zu Reichtum gelangt sind, gewannen kein Mittel gegen ihre Leiden, sondern nur den Wechsel zu noch größeren Qualen.«

Tatsächlich wird das auch heute von von plötzlichem Reichtum Überraschten bestätigt. Der österreichische Popstar Falco klagte kurz vor seinem durch Drogen hervorgerufenen Unfalltod: »Mein ganzes Unglück begann mit dem Geldverdienen.« Nach Epikur sollte man sich bei allen Begierden fragen: »Was geschieht, wenn meine Begierde befriedigt ist, und was, wenn sie nicht befriedigt wird?« Und Ehren und Ämtern aus dem Weg gehen, weil sie nur Stress, Mühsal und Unglück bedeuten. »Wirke im Verborgenen«, sagt er in einem seiner Fragmente und Krishnamurti ergänzt das mit dem schönen Wort: »Freiheit ist ein Zustand innerer Abgeschiedenheit.«

DER KÖNIGSWEG ZUM GLÜCKLICHSEIN

Mit zu den Ersten, die auf den Gedanken kamen, dass das Streben nach Erfolg, Besitz und äußerem Schein dem Menschen mehr schaden als nutzen könne, gehörte eine Gruppe griechischer Philosophen. Sie wurden nach der Stoa, einer Säulenhalle in Athen, wo sie lehrten, Stoiker genannt. Während die meisten anderen Philosophen wie Platon, Sokrates oder Epikur meinten, dass der Mensch frei ist, dass ihm alle Möglichkeiten offen stehen und dass er sein Leben selbst gestalten kann, gingen die Stoiker vom Gegenteil aus. Sie sagten, dass man in Wirklichkeit nur sehr wenige Entscheidungsmöglichkeiten habe. Denn fast jeder steht unter dem Kommando von irgendwem, ist Sklave seiner eigenen Triebe, Leibeigener seiner Krankheiten oder Gefangener seiner Psychosen.

Kurzum: Die Stoiker meinten, der Mensch ist wahrscheinlich nicht frei. Nach ihrer Lehre ist der menschliche Leib ein Teil des Weltalls, die menschliche Seele ein Teil der göttlichen Weltseele. Wenn nun jeder Mensch, so folgern sie, irgendwie unfrei, Gott aber trotzdem ein Teil jeder Menschenseele ist, dann gibt es keinen Grund über sein Schicksal zu jammern. Im Gegenteil: Jeder muss nur »seiner Natur gemäß« leben. Er muss aus seinen Anlagen etwas machen. Genau so, wie es im Film über »Forrest Gump« gezeigt wird. Forrest hat aufgrund seines geringen IQ eigentlich keine Chance in der leistungsorientierten Gesellschaft, aber er nutzt seine geringen Talente bravourös, weil er traumwandlerisch unbewusst dem Lebenskonzept der Stoiker folgt: Mache dich unabhängig! Erwarte nichts von anderen und stell dich auf deine eigenen Füße.

Forrest Gump baut nur auf dem auf, was in seiner eigenen Macht liegt, macht sich um alles andere keine Sorgen und führt ein seiner Natur gemäßes gutes Leben.

Das sagt sich natürlich leicht, doch nach diesem Grundsatz leben, will gelernt sein. Einer, der es bewusst und kompromisslos tat, war Epiktet. Sein Schicksal ist so entsetzlich, dass Epiktet geradezu das Musterbeispiel für die erneuernde Kraft der stoischen Philosophie ist.

Bescheidenheit statt Abhängigkeit
☞ *Beispiel 12*

Epiktet wurde im Kindesalter als Sklave an einen Offizier der Garde von Kaiser Nero verkauft. So kam er aus Kleinasien nach Rom. Obwohl seiner Kindheit, seiner Familie und seiner Freiheit beraubt, ertrug er sein Los mit heroischer Gelassenheit. Denn eines Tages hatte ihn jemand mit der Lehre des berühmten griechischen Philosophen Zenon und seiner Geistesverwandten bekannt gemacht. Kaum ist dem jungen Sklaven die Grundidee der Stoiker klar, beginnt er seine neuen Erkenntnisse in die Tat umzusetzen. Es wird sein innerer Weg aus der Sklaverei in die Freiheit.

Als ihm eines Tages sein Herr heftig auf den Schenkel schlägt, unterdrückt Epiktet den Schmerzensschrei und sagt ruhig: »Du wirst mir das Bein zerschmettern.« Der Sklavenhalter, wütend über die Selbstbeherrschung seines Sklaven, gibt ihm einen stärkeren Schlag und zerschmettert ihm den Oberschenkelknochen, worauf der Verletzte völlig ruhig sagt: »Hab ich es dir nicht vorausgesagt?« Später wird Epiktet wegen seiner unbeugsamen Haltung ins Gefängnis geworfen und gefoltert. Als er wieder herauskommt, ist er ein Krüppel und wird von seinem Herrn freigelassen, da ein verkrüppelter Sklave wertlos ist. Epiktet lebt weiter »seiner Natur gemäß« und beklagt sich nicht über sein schweres Schicksal. Im Gegenteil.

Nun unterhält er in den Straßen Roms Müßiggänger mit seinen moralischen Weisheiten, die er so lebendig vorzutragen versteht, dass der freigelassene Sklave bald eine Attraktion ist. Gebannt lauschen Arme und Reiche, Gebildete und Ungebildete seinen Vorträgen, die so bildhaft formuliert sind, dass ihm jeder folgen kann: »Was sagt euch Zeus? Zeus sagt: Euer Leib gehört euch nicht, er ist nur eine raffinierte Mischung aus Tonerde. Ich habe euch einen Teil unserer Göttlichkeit verliehen, einen Funken unseres eigenen Feuers, die Macht zu handeln und die Macht, nicht zu handeln, den Willen, etwas zu erwerben, und den Willen, etwas zu vermeiden. Wenn ihr dies nicht in den Wind schlagt, werdet ihr nicht leiden, ihr werdet niemanden tadeln, ihr werdet niemandem schmeicheln.« Als einer seiner Schüler fragt: »Wie sollen wir denn, jeder von uns, herausbekommen, was seinem Charakter entspricht?«, sagt der Philosoph: »Wie bekommt der Stier, wenn der Löwe ihn angreift, heraus, mit welchen Kräften er begabt ist? Wie der Stier wird der Mensch von edlem Wesen nicht ursprünglich edel. Er muss den Winter hindurch üben und sich bereitmachen und darf sich nicht leichtfertig an Dinge heranwagen, die ihn nicht betreffen.« Das heißt, unternimm nichts über deine Kräfte hinaus, sondern wäge ab, welche Lasten du tragen kannst.

Einer seiner Zuhörer fragt ihn einmal: »Wie ist es

möglich, dass ein Mensch, der nichts hat, der nackt ist, weder Heim noch Herd besitzt, der im Schmutz, ohne eine Stadt lebt, ein heiter beschauliches Leben führt?« Darauf sagt Epiktet: »Seht mich an. Ich habe kein Heim oder Eigentum. Ich schlafe auf dem nackten Boden, ich habe nur die Erde und den Himmel und nur einen einzigen erbärmlichen Mantel. Aber was fehlt mir? Hat mich je einer von euch mit traurigem Gesicht gesehen? Wie trete ich denen gegenüber, die ihr fürchtet und bewundert? Machen sie nicht vor mir Platz, als wäre ich ein König und Herr?« Tatsächlich beugt er sich vor niemandem. Nicht einmal, als der Kaiser ihm dafür mit dem Todesurteil droht. Entnervt von so viel Gleichmut, verbannt ihn Kaiser Domitian aus Rom. Epiktet starb ca. 88-jährig im Jahre 138 n. Chr. in Nikopolis in Nordgriechenland. Seine berühmten Aussprüche wurden von seinem Schüler Arianus gesammelt.

Die Philosophie der Stoiker, die lehrt, das Leben aus der Gelassenheit der Seele heraus zu gestalten, keine Kompromisse zu machen, nicht in den kleinsten Dingen käuflich zu sein, weil das Zwänge hervorruft, die einen in schwierige Situationen bringen können und sowieso als moralisch verwerflich abzulehnen sind, stimmt erstaunlich mit fernöstlichen Weisheitslehren wie dem Zen-Buddhismus oder der Lebensphilosophie des Tao überein. Wie wir weiter oben sahen, empfiehlt die Weisheit des Wu wei (»Nichthandeln«), vertrauensvoll in den Fluss des Lebens einzutauchen, für den Augenblick zu leben, sich nicht vor Sorgen um das Zukünftige verrückt zu machen, aus der inneren Ruhe zu handeln und gelassen zu warten, bis die Dinge reif sind. *Du kannst noch so oft an der Olive zupfen, sie wird*

deshalb nicht früher reif, sagt ein toskanisches Sprichwort.

Epiktets Grundthese, worauf seine ganze praktische
Lebensphilosophie aufbaut, ist:

*»Von den Dingen stehen die einen in unserer Macht, die
anderen nicht. In unserer Macht steht unser Denken, unser Handeln, unser Begehren, unsere Ablehnung – also
alles, was von uns selber kommt. Nicht in unserer Macht
steht unser Körper, unser Besitz, unser Ansehen, unsere
äußere Stellung – also alles, was nicht von uns selber
kommt.«*

Das ist ein revolutionär neuer philosophischer Gedanke.

*»Was in unserer Macht steht, ist von Natur frei, es kann
nicht von außen gehindert oder gehemmt werden. Was
nicht in unserer Macht steht, ist von außen anfällig, abhängig, unterliegt dem Einfluss fremder Hand und kann
gehindert werden.*

*Wenn du das für frei hältst, was in Wirklichkeit unfrei
ist, und für dein Eigen, was fremd ist, so wirst du große
Schwierigkeiten haben, Aufregung und Trauer, und du
wirst mit Gott und allen Menschen hadern. Hältst du aber
nur das Deine für dein Eigen und Fremdes für das, was es
ist: fremd und nicht von dir abhängig, so wird dich nie
jemand zwingen, nie jemand dich hindern, du wirst nie
jemand Vorwürfe machen, nie jemand tadeln, nie etwas
wider deinen Willen tun. Niemand wird dir schaden, denn
du wirst keinen Feind haben – es gibt nichts, was dir schaden kann.*

*Wenn du so Großes anstrebst, sei dir klar: Es reicht
nicht aus, ohne ganzen Einsatz darum zu kämpfen. Du
musst auf manches für immer verzichten, auf anderes im
Augenblick.*

Wenn du jedoch daneben nach Ehrenpositionen und Reichtümern jagst, so wirst du wahrscheinlich, weil du beides haben willst, nicht einmal diese erlangen. Ganz sicher aber wirst du das verfehlen, wodurch allein Glück und innere Freiheit kommen.

Gewöhne dich jetzt, bei allem, wodurch du dich bedroht fühlst, zu sagen: Es ist nicht das, was es scheint, sondern nur eine Illusion. Dann überprüfe anhand der obigen Regeln, besonders an der ersten, indem du fragst: Gehört es zu dem, was in meiner Macht steht, oder nicht? Und gehört es zu dem, was nicht in deiner Macht steht, so sage zu dir selber: Es geht mich nichts an und berührt mich nicht!«

Das ist natürlich einleuchtend. Ein Unfall, und unser Körper leidet, ein Börsenkrach, und unser gesamtes Vermögen löst sich unter Umständen in nichts auf, ein Wechsel der politischen Machtstruktur, und unser Ansehen schwindet, eine Firmenpleite, und der hochqualifizierte Vertriebschef des Unternehmens, gerade für ein Spitzengehalt als Hoffnungsträger eingestellt, sucht deprimiert beim Arbeitsamt nach einer neuen Stelle.

Es gibt keine Sicherheit. Zwei Drittel aller Westeuropäer glauben, die Unsicherheit in jedem Bereich wird zunehmen. Wer nach dem 2. Weltkrieg fleißig war, konnte sich auf einen gesicherten Wohlstand und eine sichere Rente verlassen. Der Glaube daran schwindet. Karriereplanung nach dem altbewährten Muster kann man vergessen. Was heute als sicherer Beruf gilt, ist morgen vielleicht vom Untergang bedroht. Das Leben wird immer unkalkulierbarer und komplizierter. Prognosen berühmter Experten erweisen sich als völlig falsch.

Die Angst vor der Zukunft ergreift sogar völlig gesicherte Berufsgruppen wie Beamte. Die Sehnsucht nach dem Nullrisiko ist stärker denn je. Jeder klammert sich an dem fest, was er vermeintlich besitzt.

Die Angst vor dem Ungewissen setzt Körper, Seele und Geist permanent unter Stress. Paradoxerweise steigt das Bedürfnis nach Sicherheit, je größer sie vorhanden ist. Aber gibt es sie wirklich? Nein. Immer wieder geschieht das Unvorhersehbare – im Positiven wie im Negativen: Bill Gates, der Gründer des Softwareunternehmens Microsoft und inzwischen der reichste Mann der Welt, hat seinen Reichtum ein paar glücklichen Zufällen zu verdanken. Wenn der Weltkonzern IBM zu Zeiten, als er noch marktbeherrschend war, ein anderes als das Microsoft-Betriebssystem MS-DOS zum internationalen Standard erklärt hätte, dann wäre Bill Gates heute vermutlich ein durchschnittlich verdienender EDV-Berater oder würde wie die meisten seiner ehemaligen Mitstudenten von der Harvard-Universität eine kleine Software-Firma leiten. Der Fehlentscheidung von IBM verdankte Bill Gates neben seiner Tüchtigkeit dasselbe wie ein Wüstenscheich seiner Ölquelle – beide hatten schlichtweg Glück.

Geradezu unheimlich ist das Schicksal des schweizerstämmigen Johann August Sutter (1803–1880). Fortuna, die schwankende Göttin des Glücks, spielte wirklich ein grausames Spiel mit ihm.

Sutter erging es wie inzwischen rund 40 000 deutschen Unternehmern jährlich: Nach gutem Start war plötzlich seine Firma in Baden insolvent und Sutter über Nacht bankrott. Während seine Gläubiger Möbel und andere Wertgegenstände aus der Wohnung schleppten, wurde der gescheiterte Geschäftsmann als

Dieb und Wechselfälscher beschimpft. Seine Frau und die drei kleinen Kinder sahen kreidebleich zu. Sein Geld war weg, die Firma kaputt, sein guter Ruf dahin. In der Kleinstadt und Umgebung war an einen Neubeginn nicht zu denken. Sutter lieh sich von einem Freund Geld, ging »eben Zigaretten holen« und verschwand heimlich nach New York.

Hier begann der 31-Jährige ganz von vorn als Ladendiener, Drogeriewarenverkäufer und Kneipenbesitzer. Durch die Pleite vorsichtig geworden, lebte er sparsam bis zum Geiz, so dass er sich nach ein paar Jahren eine kleine Farm in Missouri kaufen konnte. Das war gut für das angekratzte Selbstbewusstsein, besonders, als es ihm gelang, nach ein paar weiteren Jahren die Farm mit Gewinn zu verkaufen. Mit dem Erlös zog er nach Kalifornien, damals wahrhaft ein Land der unbegrenzten Möglichkeiten. Dort kaufte er für einen Spottpreis rund 23 000 Hektar Land, beschäftigte Indianer und aus Hawaii geholte Gastarbeiter zur Kultivierung des Landes, ließ ein starkes Fort errichten, baute Bewässerungsanlagen, eine Mühle, eine Gerberei, eine Schnapsbrennerei, eine Schmiede, eine Wolldeckenfabrik usw., baute Straßen, legte Plantagen an und schmückte stolz sein kleines Fürstentum mit dem Namen Neu-Helvetien. Aus dem ehemaligen Bankrotteur war ein steinreicher Großgrundbesitzer geworden. Als die US-Amerikaner Kalifornien 1846 von den Mexikanern eroberten, machte er gute Miene zum bösen Spiel, selbst als General Frémont das von Sutter gebaute Fort mit amerikanischen Truppen besetzte. Nun, da das Gebiet zu den Vereinigten Staaten von Amerika gehörte, strömten Abenteurer, Spekulanten, Seeleute, Pelztierjäger und andere Geldgierige in sein blühendes Industriegebiet, um ihr Glück zu machen. Die Kapazität seiner Mühle reichte nicht mehr aus, um die vielen hungrigen Mäuler zu stopfen. Als der Mühlbach für eine größere Mühle gegraben wurde, stieß ein Arbeiter plötzlich auf eine Goldader.

Jetzt war der Teufel los. Die Nachricht verbreitete sich wie ein Lauffeuer. Sutters Arbeiter verließen ihre Arbeitsplätze, Cowboys, Trapper, Soldaten, Seeleute, Farmer, fliegende Händler besetzten sein Land, wühlten seine Äcker um, verwüsteten seine Plantagen, plünderten seine Betriebe, schlachteten seine Schaf- und Rinderherden, wohnten widerrechtlich in seinen Farmen und Häusern. Was Sutter in Jahren mühevoller Arbeit aufgebaut hatte, war in kurzer Zeit zerstört. Der Großgrundbesitzer stand fassungslos vor den Trümmern, war ein zweites Mal ruiniert und bettelarm. Nachdem er Kräfte gesammelt hatte, begann er zwei Jahre später einen Prozess gegen 17 220 Farmer und Goldgräber, die sich auf seinem Land niedergelassen hatten. Sutter klagte gegen den Staat, der ihn und sein Eigentum nicht geschützt hatte, und forderte 25 Millionen Dollar (1850!) sowie seinen Anteil am gewonnenen Gold. Nach Jahren des Prozessierens gewann er gegen die Farmer und den Staat. Der oberste Gerichtshof der USA entschied zu seinen Gunsten und sprach ihm das Recht auf 100 Millionen Dollar Entschädigung zu. Kaum war das Urteil verkündet, erhob sich ein Sturm des Hasses und der Rachsucht gegen den rechtmäßigen Besitzer des Landes. Sutters zweiter Sohn aus zweiter Ehe wurde ermordet, sein Wohnhaus durch Brandstifter abgefackelt, seine letzten Besitztümer gestohlen. Tausende Farmer widersetzten sich dem Urteil. Weil Sutter seines Lebens nicht mehr sicher war, flüchtete er mit seiner Familie und klagte zwanzig weitere Jahre auf Durchsetzung des Urteils – bis er völlig ruiniert war. Als den 77-Jährigen der Schlag traf, hatten seine Kinder weder das Geld noch den Mut, um weiter um ihr Recht zu kämpfen.

Diese beiden Beispiele vom Glück eines Bill Gates und vom Unglück eines Johann August Sutter stehen für Milliarden andere. Denn ständig bringen Zufälle und Schicksalsschläge uns in neue Situationen.

Epiktets Philosophie zufolge hat Sutter ein Schicksalsschlag getroffen und seine Habe vernichtet, etwas, worüber er in Wirklichkeit keine Macht hatte. Denn Besitztümer sind immer bedroht. Epiktet sagt dazu: »Sage nie von einem Ding, ich habe es verloren, sondern: ich habe es zurückgegeben … Dein Landgut wurde dir genommen: Also hast du auch dieses zurückgegeben. ›Aber der es mir nahm, ist ein schlechter Mensch!‹ Was geht dich an, durch wen es der Geber zurückfordert? Solange er dir's überlässt, betrachte es als ein fremdes, geliehenes Gut oder wie ein Reisender ein Gasthaus betrachtet.«

Was hat Sutter durch sein Prozessieren gewonnen? Nichts. Er hat seine wertvolle Lebenszeit, vergiftet von Hass, mit Klagen vertan. Sein Sohn wurde umgebracht, seine Familie lebte in ständiger Angst und er selbst ist verbittert gestorben. Epiktet sagt: »*Verlange nicht, dass alles so geschieht, wie du es wünschst, sondern sei zufrieden, dass alles so geschieht, wie es geschieht, dann wirst du in Frieden leben.*«

Das Schicksal teilt jedem seine Rolle zu wie in einem Theaterstück. Jeder muss sie spielen, egal wie lang oder wie kurz sie ist. Der eine spielt Großgrundbesitzer, der andere Zahnarzt. Wenn ich den Wunsch habe, etwas zu verändern, so liegt es an mir. Doch es ist nicht sicher, ob ich das Ziel erreiche, denn immer wieder kann durch Zufall alles anders werden. Für den chinesischen Weisen Laotse »erachten die Himmel die Menschen als Heuhunde«. Damals bastelten die Chinesen Hunde aus Heu und positionierten sie als eine Art Sündenbock vor ihren Altar, um das Unglück abzuwehren. Nach dem Opfer für die Götter wurden die Heuhunde auf den Weg geworfen, um von Ochsenkarren, Pferden und Fußgängern zertrampelt zu werden.

Andererseits bezweifeln viele Menschen, ob es Zufälle überhaupt gibt. Die Stoiker, für die unsere Erde und das All vom Wesen des Göttlichen durchwoben sind, schließen, ihrem Weltbild folgend, konsequent jeden Zufall aus. Wobei sie betonen, dass wir Dinge nur aus dem Grund als zufällig betrachten, weil die wahren Ursachen für die Menschen nicht zu ergründen sind. Sehr schön definiert wird der Begriff Zufall im Deutschen Wörterbuch der Brüder Grimm: »Zufall ist das unberechenbare Geschehen, das sich unserer Vernunft und unserer Absicht entzieht.« Deshalb fürchten sich die Menschen so davor – außer, der Zufall kommt ihnen zugute. Auch Albert Einstein glaubte wie die Stoiker, alles auf dieser Welt sei vorherbestimmt, und sagte: »Gott würfelt nicht.«

Ob Zufall oder Vorherbestimmung, auf jeden Fall passieren ständig für den Menschen unbegreifliche, nicht vorhersehbare Dinge. Da wir keinen Einfluss darauf haben, fordert Epiktet den Einsichtigen auf, das Glück in sich selbst zu suchen. »Ein Ungebildeter erwartet keinen Nutzen oder Schaden von sich selber, sondern alles von außen. Der Philosoph erwartet allen

Nutzen und allen Schaden von sich selber. Der Fort-
schreitende tadelt und lobt niemanden, schilt niemanden, macht niemandem Vorwürfe und spricht nicht
über sich selber, als sei er etwas Besonderes oder wisse
etwas Besonderes. Wird er durch irgendetwas gehindert
oder gehemmt, so sieht er die Ursache in sich selbst.
Lobt ihn jemand, so lächelt er bei sich selbst über den,
der ihn lobt. Tadelt ihn jemand, so regt er sich nicht auf
und geht nicht auf den Vorwurf ein … Jede Begierde hat
er aus seinem Wesen verbannt … Sein Wollen ist in allen Dingen ohne Leidenschaft und darum umso be-
ständiger und fester. Erscheint er etwas verrückt und
unwissend, so berührt ihn das nicht im Geringsten.
Aber vor sich selber ist er auf der Hut wie vor einem
Feind und Verräter.«

Eindringlich warnt er auch vor dem Neid. Denn
wenn jemand Erfolg mit etwas gehabt hat, so stehen
dahinter Mühen oder Demütigungen, und die Frage
ist, ob man die auf sich nehmen möchte, um das Ziel
zu erreichen:

»Es ist dir ein anderer vorgezogen worden bei einem Es-
sen, bei einer Begrüßung, bei einer Beratung. Ist das nun
etwas Wertvolles, so musst du dich freuen, dass es jenem
zuteil geworden ist. Sind es aber keine Güter, warum är-
gerst du dich, dass du sie nicht erlangt hast. Überlege
doch: Wenn du nicht denselben Einsatz bringst, um zu er-
langen, was nicht in deiner Macht steht, so kannst du auch
nicht auf dasselbe Anspruch erheben. Denn wie kann ei-
ner, der nicht in den Vorzimmern der Mächtigen anti-
chambriert, sich nicht in der Schar ihrer Kriecher und
Lobredner befindet, nicht schmeichelt, keine Loblieder
singt, wie kann der dasselbe erreichen wie der, der das al-
les tut? Du bist ungerecht und überheblich, wenn du, ohne

diese Dienste erbringen zu wollen, die Gunst der Mächti-
gen umsonst empfangen willst ... «

Talleyrand, der allmächtige Minister Napoleons, musste sich von diesem sagen lassen: »Sie sind Scheiße in Seidenstrümpfen.«

Epiktet zufolge ist man zugleich anmaßend und weltfremd, wenn man die Ehre erlangen will, ohne etwas dafür zu bezahlen. »Hast du aber nichts anstatt der Einladung? Doch: Du hast das Bewusstsein, dass du den nicht gelobt hast, den du nicht loben wolltest, und du musst nicht vor ihm buckeln.«

Als König Archelaos Sokrates einlud, um seinen Reichtum mit ihm zu teilen, ließ Sokrates dem König ausrichten: »In Athen kosten vier Liter Gerstengraupen einen Obolos und die Brunnen spenden Wasser in Fülle.«

So klingt die Antwort eines freien Geistes.

Das ist in Grundzügen die Philosophie der Stoiker in der Version des Epiktet. Wer diese Lehren beherzigt, ist auf dem Weg zur inneren Freiheit und zum Glücklichsein.

MUT ZUM RISIKO

Nun nützen natürlich alle klugen Erkenntnisse und Lebenshilfen der großen Weisen nichts, wenn man nicht bereit ist, den Wissensschatz für sich selbst konsequent zur Verbesserung seines Lebens anzuwenden. Denn was nützen tiefe Einsichten wie: Verbirg deinen Kummer! Rühme nicht zu laut dein Glück! Enthülle nicht die Schwächen deiner Mitmenschen! Interessiere dich für andere, wenn du willst, dass andere sich für dich interessieren! Lass jeden seine Handlungen selbst verantworten, wenn du nicht sein Vormund bist! Suche nie jemand lächerlich zu machen! – wenn man sie nicht tagtäglich in die Tat umsetzt? Ein besserer und damit glücklicherer Mensch wird man nur, wenn man ständig im Kleinen daran arbeitet. Und manchmal ist auch, um sein Leben von Grund auf zu verändern, einfach eine Portion Mut erforderlich. Wie der Volksmund sagt, ist ein Ende mit Schrecken besser als ein Schrecken ohne Ende. Manchmal muss man eine Situation hinter sich lassen, wenn sie beginnt, die Seele zu zerstören. Angst frisst die Seele auf, sagt der indianische Medizinmann Lame Deer. Diese große Portion Mut, seine schlechten Gewohnheiten zu ändern, seinen ungeliebten Beruf aufzugeben, eine quälende Partnerschaft zu beenden usw., muss man aufbringen, um einen besseren Lebensweg einschlagen zu können. Jemand, der mutig alles hinter sich gelassen hat, um frei zu werden und in heiterer Gelassenheit zu leben, war Gautama Buddha.

Bescheidenheit statt Abhängigkeit
☞ *Beispiel 13*

Eigentlich hieß er Siddharta Gautama oder Siddhatta Gotama und wurde um 560 v. Chr. in Lumbini (bei Paderia, Nepal, nahe der Grenze zu Indien) geboren, er starb um 480 v. Chr. bei Kushinagara (heute Kasia, bei Gorakhpur).

Der Religionsgründer schuf mit seiner Lehre von den »vier edlen Wahrheiten« die theoretische Grundlage für den Buddhismus.

Gautamas Vater Suddhodana herrschte über ein kleines Fürstentum an den Hängen des Himalaya. Da die politischen Verhältnisse stabil waren, wuchs der Junge auf wie ein Märchenprinz: Er spazierte philosophierend durch die sonnige Welt von Gärten und Hainen, ergötzte sich an Hetzjagden, spielte Schach, dichtete und sang. Mit 19 wurde er mit einer schönen Verwandten verheiratet. Doch statt sein Leben zu genießen, kam er sich plötzlich wie ein saturierter Spießbürger vor. Kann es der Sinn des Lebens sein, jeden Tag zum Feiertag zu machen?, fragte er sich.

Während der Schwangerschaft seiner Frau traf er eines Tages bei der Jagd auf einen wandernden Asketen, einen Mann, der nach strengen Regeln lebte und auf Behaglichkeit verzichtete, weil jedes Glück von Unsicherheit bedroht und alles vergänglich sei. Plötzlich überkam den jungen Gautama eine Erleuchtung: Auch er wollte arm sein und schlicht leben wie der Asket. In diesem Moment wurde ihm die Nachricht überbracht, dass seine Frau einen Sohn geboren hatte. Er stöhnte auf: »Eine neue Fessel, die es zu zerbrechen gilt.« Die Geburt des kleinen Prinzen wurde groß gefeiert, in der Nacht jedoch erwachte der junge Vater in wilder Verzweiflung, küsste seine schlafende Frau und sein Kind, stieg aufs Pferd und ritt im Mondschein gen Süden. An einem Fluss schnitt sich Gautama mit dem Schwert seine wehenden Locken ab, entledigte sich seines Schmuckes, schickte alles samt Pferd durch seinen Diener nach Hause und ging zu Fuß weiter. Unterwegs tauschte er mit einem zerlumpten Bettler die Kleider. Nun fühlte er sich frei, um nach der Weisheit zu suchen.

Bei Einsiedlern, die in Höhlen der Vindhya-Berge wohnten, lernte Gautama die Kunst der Metaphysik. Doch sein scharfer Verstand war mit den gebotenen

Lösungen nicht zufrieden. Seine Lehrer glaubten, dass Erkenntnis und Wissen nur durch Fasten, Schlafentzug und Selbstkasteiung erlangt werden können. Gautama versuchte den Nutzen der strengen Askese zu ergründen und gab sich den schrecklichsten Selbstquälereien hin. Er taumelte und wurde ohnmächtig – und erkannte im Erwachen, dass jede wirkliche Erkenntnis am besten mit Hilfe eines richtig ernährten Gehirns und eines gesunden, ausgeruhten Körpers erreicht wird. Wenn der Geist nach der Lösung eines Problems sucht, schreitet er von Stufe zu Stufe empor bis zur plötzlichen Erleuchtung.

Im Wildpark des Königs von Benares errichtete Gautama mit seinen Jüngern Hütten. Es wurde eine Art Schule für Menschen, die nach Weisheit streben. Gautamas Lehre ist klar und einfach: Solange der Mensch nicht seine persönlichen Begierden überwindet, ist sein Leben Mühsal, Qual und am Ende Trauer. Wer sich selbst besiegt, ist frei und erreicht die Heiterkeit der Seele, das höchste aller Güter. Darum empfahl er seinen Anhängern die Nächstenliebe, auch gegenüber Tieren. Er forderte sie auf, nicht zu töten, zu stehlen, zu lügen, unkeusch zu leben, keine berauschenden Getränke zu sich zu nehmen, unbegrenzt freigebig zu sein, Besitz zu verachten und der Jagd nach Erfolg zu entsagen. Die Reaktion war phänomenal. Als er mit 80 Jahren starb, breitete sich seine Lehre rasch über das ganze Land aus. Um den Menschen Gautama webte sich ein Teppich phantastischer Legenden, die ihn innerhalb weniger Jahre zu jenem Halbgott machten, der bis heute von vielen Millionen Gläubigen verehrt wird. Gautamas Ehrenname Buddha bedeutet »Der Erleuchtete«.

Kann man als Angehöriger der modernen Industriegesellschaft so konsequent alles hinter sich lassen wie
Gautama?

Bescheidenheit statt Abhängigkeit
☞ *Beispiel 14*

Eine, die 1996 ihr Leben radikal änderte, ist Heidemarie Schwermer. Die 1942 in Memel geborene Lehrerin
und Psychologin (und Mutter) gab mit 54 Jahren alle
Sicherheit auf, gründete die »Gib und Nimm Zentrale«
und lebt seitdem ohne Geld. Ohne Geld wie Diogenes,
Buddha, die heilige Maria von Ägypten in ihrer Wüsten-
höhle. Heidemarie verschenkte nach ihrem Entschluss
ihre Möbel, gab ihre Wohnung und ihre therapeutische
Praxis auf und kündigte ihre Krankenversicherung.
Seitdem wohnt sie in Häusern und Wohnungen von
Menschen, die auf Reisen sind. Was sie zum Leben
braucht, tauscht sie sich über die Tauschzentrale ein.
Als sie ihre unkonventionelle neue Lebensform nach
einem Jahr analysierte, stelle sie fest, dass ihr Leben
durch die vielen intensiven Kontakte zu ihren Mitmenschen reicher geworden war. Auch Begriffe wie Arbeit,
Freizeit, Urlaub bekamen eine völlig neue Bedeutung.
Stress und Hektik waren aus ihrem Leben verschwunden. Seitdem fühlt sie sich glücklich. Heidemarie
Schwermer nennt ihre Lebensform »Das Sterntaler-Ex-
periment« (so auch der Titel ihres Buches, das in mehrere Sprachen übersetzt wurde). Sie lebt vor, wie man
auch in unserer Zeit erkennt, dass »die Wege von Haben und Sein nicht deckungsgleich verlaufen müssen«. Ihr Motto lautet: »Nichts haben, viel sein«. Und
offenbar bekommt ihr die neue Art zu leben sehr gut,

denn sie fühlt sich nicht nur glücklich, sondern sie sieht auch glücklich aus.

Nun ist nicht jeder psychisch so strukturiert wie Gautama oder Heidemarie Schwermer, dass er/sie alles, was ihn/sie bedrückt, schlagartig hinter sich lassen kann. Aber auch Mut lässt sich erlernen. Und bei vielen Dingen, die einem Angst machen, ist die nach der Lehre des Wu wei empfohlene Technik des ruhigen Beobachtens der misslichen Situation bereits der erste Schritt zur Bewältigung des Problems. Äsop bringt in einer schönen Fabel die Angst und wie man mit ihr umgeht auf den Punkt: Ein Fuchs, der noch nie einen Löwen gesehen hatte, geriet, als er zufällig einem begegnete, so sehr in Furcht, dass es ihn beinahe das Leben gekostet hätte. Als er ihn später zum zweiten Mal sah, fürchtete er sich zwar immer noch, doch nicht mehr so wie das erste Mal. Beim dritten Mal wuchs sein Mut so, dass er sich ihm näherte und eine Unterhaltung mit ihm begann. Die Fabel lehrt, dass die Gewohnheit einen auch vor furchtbaren Dingen standhalten lässt.

Statt wegzulaufen oder den Kopf in den Sand zu stecken, hat sich der Fuchs zwar zunächst zitternd und zagend dem Löwen genähert, aber bereits bei der dritten Begegnung steht er mit dem Unheimlichen auf gutem Fuße. Ich glaube, besser und knapper als Äsop kann man das Problem der Angst, und wie man sich davon befreien kann, nicht darstellen.

DURCH BESCHEIDENHEIT ZUM GLÜCK

Wie die vielen Beispiele in diesem Büchlein zeigen, ist die Grundvoraussetzung zum Glücklichsein die genügsame Lebensweise. Dass Geld, Besitz oder Macht nicht automatisch glücklich machen, dürfte jedem Leser nach der Lektüre deutlich sein. Der amerikanische Psychologe David G. Myers sagt in seinem Buch »The Pursuit of Happiness«, dass Glücklichsein auf vier positiven Charakterzügen basiert: auf großem Selbstwertgefühl, Optimismus, offenem Wesen und starkem Glauben an die eigene Fähigkeit, sein Umfeld zu verstehen und zu meistern. Damit sind die Strahlemänner porträtiert, die Siegertypen, denen sowieso immer alle Herzen zufliegen und denen das meiste gelingt. Aber was ist mit uns, den anderen, für die das Leben keine Party ist, die ihre Angst bekämpfen, ihre Erfolge erkämpfen, ihre eigenen Zweifel überwinden, ihre Mitmenschen von sich überzeugen müssen und gar nicht so optimistisch in die Welt schauen, weil das Leben zunächst doch, wie für Arthur Schopenhauer, als »missliche Sache« erscheint?

Wohlbefinden und Glücklichsein haben auch viel mit Askese bzw. Übung zu tun. So, wie man sein körperliches Erscheinungsbild und damit sein Selbstwertgefühl durch Körpertraining verbessern kann, so kann man auch sein psychisches Selbstbild positiv verändern. Ein herzliches Umfeld aus verständiger Familie, guten Freunden und einer harmonischen Ehe helfen bereits, wenn man wieder einmal vom Chef gedemütigt wurde. Seltsamerweise zeigt Myers' Untersuchung, dass Wohlbefinden und Glücklichsein kaum durch äußere Erfolge wie Karrieresprünge beeinflusst werden. Finanzieller Erfolg, so stark er auch herbeigesehnt wurde, führt z. B. nicht zur »Steigerung des Glücksgefühls«. Der Lottogewinner leistet sich im Gewinnrausch einen Porsche, gibt seinen Beruf auf, zieht in eine Villa und reist für ein Jahr um die Welt. Aber wenn er zurückkommt, ist er unzufrieden wie zuvor. Nur diesmal mit viel Geld, und dieses Geld verunsichert ihn zutiefst. Ständig quält ihn die Frage: Habe ich so viele gute Freunde, weil ich Geld habe? Liebt meine Freundin mich oder mein Geld?

Wohlbefinden und Glücklichsein sind lt. Myers' Untersuchung positiv zu beeinflussen durch:

1. *Wenn Erwachsene ermuntert werden, sich so zu verhalten und so zu reden, als ob sie tatsächlich glücklich, optimistisch, positiv gestimmt und völlig klar und gefasst seien, dann beginnen sie ihre neutrale oder negative Grundeinstellung zu verändern und schärfen ihren Sinn für Wohlgefühl und Glücksempfinden.*

2. *Wer es schafft, in der Gegenwart zu leben und jeden Augenblick genießt, egal, was auch in anderen Sphären des Lebens sich abspielt, oder wie bedrohlich die Zukunft erscheinen mag.*

3. *Wer an allem, was er tut, Freude hat, besonders aber an seiner Berufsarbeit, und vollkommen darin aufgeht. Wer dieser positiven Einstellung folgt, fördert seine Begabungen und damit seine Freude am Schaffen.*

4. *Wichtig ist, seinen Sinn für Organisation zu entwickeln und einen Zeitplan zu erstellen, worin kleine Ziele gesetzt werden. Sobald sie erreicht sind, strebt man automatisch die großen wichtigen Ziele des Lebens an und wird auch diese erreichen. Dadurch gewinnt man Selbstvertrauen.*

5. *Körperliche Gesundheit resultiert aus gesunder Er-nährung und regelmäßigem Training. Wer seinen Kör-per pflegt und fit hält, ist dem Glücklichsein näher als ein Stubenhocker, der bewegungslos vor dem Fernse-her dahinvegetiert.*

6. *Sei dankbar mit dem, was du besitzt und geleistet hast. Andere haben weniger als du. Und sich mit reicheren zu vergleichen deprimiert einen, denn auch der Su-perreiche hat jemanden, den er beneidet: Sei es um dessen gelungene Kinder oder um die lebenslustigere Frau.*

7. *Wer Zeit und Liebe in Freundschaft und familiäre Be-ziehungen investiert, dem strömt Liebe und Zuneigung hundertfach zurück. Was ist Geld im Vergleich zu treuen Freunden?*

8. *Wem bewusst wird, dass das Leben nicht nur aus ma-teriellen Gütern, sondern auch aus geistigen und spi-rituellen besteht, eben jenen, die die Stoiker die alles durchdringende Weltseele nennen oder Christen ihren Glauben an die Erlösung durch Jesus Christus, der ist eingebettet in ein immaterielles Netz der Sicherheit.*

Ergänzend hierzu lohnt sich das Nachdenken über ein paar tiefsichtige Sätze Mutter Teresas, die ebenfalls viel mit dem Glücklichsein zu tun haben:

1. *Gutes, das du heute für Menschen tust, wird von ihnen morgen oft vergessen: Tu unbeirrbar weiter Gutes.*

2. *Gib der Welt das Beste, das du geben kannst – es wird nie genug sein, aber gib trotzdem immer dein Bestes.*

3. *An den Tagen, an denen dir alles zu viel erscheint, tu nur das, wozu du an diesem Tag imstande bist, denn der kreative Geist arbeitet weiter in dir.*

4. *Menschen handeln oft unvernünftig, unlogisch und egoistisch: Vergib ihnen einfach.*

5. *Wenn du freundlich bist, können dich andere eigennütziger Hintergedanken beschuldigen: Sei trotzdem freundlich.*

6. *Wenn du erfolgreich bist, wirst du einige falsche Freunde und einige neidische Feinde gewinnen: Strebe weiterhin den Erfolg an.*

7. *Bist du offen und ehrlich zu anderen, können dich einige betrügen und verraten: Sei weiterhin offen und ehrlich.*

8. *Das, was du in jahrelanger mühevoller Arbeit aufgebaut hast, kann über Nacht zerstört werden: Bau trotzdem weiter.*

Zum Schluss, damit das am Anfang so ernste und anklägerische Buch mit einem Hauch unbeschwerter Heiterkeit endet, eine Geschichte über den heiligen Columban (521–597), dem neben Sankt Patrick berühmtesten Heiligen Irlands. Er gründete einunddreißig Klöster in Irland und nach seiner Verbannung gründete er 562 in Schottland eine Schule der Gelehrsamkeit.

Mochua und der heilige Columban waren Zeitgenossen. Mochua lebte als armer Eremit in der Einöde. Er besaß keine weltlichen Güter außer einem Hahn, einer Maus und einer Fliege. Das Amt des Hahnes bestand darin, ihm die Stunde des Morgengebetes zu verkünden. Die Maus hatte dafür zu sorgen, dass er nie, weder bei Tag noch bei Nacht, länger als fünf Stunden schlief. Denn wenn er, erschöpft von den Hymnen und kniend dargebrachten Gebeten, die Lust verspürte, ein wenig länger zu schlafen, dann biss ihm die Maus zart ins Ohr, bis sie ihn geweckt hatte. Die Fliege hatte die Aufgabe, während er las, an jeder Zeile seines Psalters entlangzulaufen. Wenn er beim Singen der Psalmen müde wurde, verharrte die Fliege stets auf der Zeile, wo er den Gesang unterbrochen hatte, so lange, bis er sich wieder der frommen Tätigkeit widmen konnte.

Nun geschah es, dass diese drei treuen Begleiter starben. Daraufhin schrieb Mochua an den heiligen Columban in Alba einen Brief, worin er den Tod seiner kleinen Schar beklagte. Der heilige Columban antwortete ihm mit den Worten: »Mein Bruder«, tröstete er ihn, »wundere dich nicht darüber, dass deine Herde dir weggestorben ist, denn immer lauert das Unglück darauf, die Reichen heimzusuchen.«

Inhalt